Autobiographiques :
de Corneille à Sartre

PERSPECTIVES CRITIQUES

Collection dirigée

par

Roland Jaccard

AUTOBIOGRAPHIQUES :
DE CORNEILLE A SARTRE

SERGE DOUBROVSKY

Perspectives critiques

PRESSES UNIVERSITAIRES DE FRANCE

ISBN 2 13 042152 0

Dépôt légal — 1re édition : 1988, octobre

Avant-propos

« Voici un étrange monstre », déclarait Corneille en présentant *l'Illusion,* ambigu de comédie et de tragédie. Le présent recueil n'est-il pas, à sa manière, un « étrange monstre », qui fait bizarrement voisiner Corneille avec Sartre, sous une rubrique « autobiographique », dont on voit bien la pertinence pour celui-ci, mais difficilement pour celui-là ?

Il convient donc de préciser qu'il ne s'agit pas ici d'études portant sur *l'autobiobraphie,* genre longtemps sous-estimé et qui, ces dernières années, n'a cessé d'affirmer son importance croissante, sur la scène internationale, tant par l'ampleur de la production littéraire que par la qualité des travaux critiques qu'il inspire.

Autobiographiques : cet emploi de l'adjectif indique assez que notre propos n'est pas d'analyser l'essence d'un *genre,* mais de saisir le sens d'un *geste.* Geste variable en ses manifestations, parfois évident, parfois diffus, tantôt lucide, tantôt déplacé ou égaré en des domaines inattendus, en deçà de toute intention.

5

Geste qui signe ultimement tout texte, et qui est celui par lequel s'y inscrit le sujet de l'écriture. Comme s'inscrit, à son tour, en sa façon de lire, le sujet de la lecture.

En ce qui me concerne, je ne me suis jamais soucié de savoir, au gré des humeurs et des modes, si l' « auteur », ainsi qu'on nous l'a inlassablement seriné, était « mort », ou s'il est, aux dernières nouvelles, « de retour ». J'ai toujours maintenu que la littérature est, certes, ce système de signes et de contraintes formelles, que le structuralisme nous a justement appris à reconnaître, mais que ce qui met le système en branle, *ce qui le meut, c'est ce qui l'émeut.* J'ai employé jadis cette formule à propos de Proust et elle traduit toujours ma conviction fondamentale. Il n'y a de texte littéraire qu'animé par le mouvement de l'existence qui le porte.

Ce mouvement de l'existence, j'ai longtemps eu tendance à en rendre compte à travers les catégories générales de l'être-au-monde, grâce aux structures « existentielles » que la philosophie du même nom avait peu à peu dégagées. A quoi j'ai été amené, par mon cheminement personnel, à ajouter l'autre fonctionnement, subtil, retors, à l'œuvre dans toute œuvre : celui de l'inconscient. Au terme de ce parcours, je sais à présent qu'il n'y a d'autre existence que singulière, unique, individuée. Historique, si l'on veut. Il n'est point d'autre lieu d'élaboration, pour l'écriture, que cette histoire.

Dans la première partie de cet ouvrage, qu'on pourrait appeler *Rétrospections,* c'est ma propre histoire, en tant que critique, qui tente, fragmentairement, de se ressaisir. Le retour sur soi y est celui du commentateur, s'assumant en première personne. Le sujet qui se perçoit ici comme biographique n'est pas (hélas !) Corneille, mais son lecteur. Lorsqu'on a consacré, un quart de siècle plus tôt, une grosse thèse, devenue en son genre classique, à *Corneille et la dialectique du héros,* et que les hasards des commémorations vous amènent à vous relire, il se passe quelque chose de curieux, Freud dirait d'*unheimlich.* La lecture, objective, massive, en se décalant dans le temps, devient miroir (déformant, déformé) pour le sujet interprétant,

6

dont elle raconte, à sa manière, l'expérience la plus intime, et la moins consciente à l'époque. Ce phénomène, j'ai essayé de le cerner dans *Corneille : masculin/féminin.*

De même, presque quinze ans après avoir publié une étude sur Proust, *la Place de la madeleine,* où je pensais avoir fait le tour de la fantasmagorie proustienne, à l'occasion d'un colloque, je m'aperçois que j'ai manqué, d'entrée de jeu, quelque chose d'essentiel, et cela, précisément, dès l'ouverture de la *Recherche.* J'ai tenté de repérer et de réparer cet « oubli » dans *Corps du texte/texte du corps.*

Enfin, j'ai aussi fait retour, en tant que critique, sur mon roman, *Fils* — autocritique, en quelque sorte, de la notion d' « autofiction », que j'avais avancée alors pour mon propre usage. Le terme a été depuis repris par d'autres et semble décrire un des territoires nouveaux et privilégiés du romanesque contemporain.

Le regard rétrospectif n'a pas simplement mission d'amender ou de compléter, grâce à une sagesse qui viendrait avec l'âge, des travaux antérieurs. Il vise surtout, par ce recul, à discerner et souligner l'*engagement personnel* du chercheur dans les recherches apparemment les plus impersonnelles. Même les formulations de la science d'aujourd'hui se savent désormais dépendantes du processus humain qui les formule. En somme, après la « mort de Dieu », celle du positivisme, qui crut un temps prendre sa suite.

La seconde partie pourrait s'intituler : *Prospections.* Elle est plus aisément définissable. Les trois essais qui la composent sont consacrés à Sartre autobiographe, sous les masques les plus divers.

A commencer, naturellement, par celui du romancier. « *J'étais* Roquentin, je montrais en lui, sans complaisance, la trame de ma vie ; en même temps j'étais *moi,* l'élu, annaliste des enfers, photomicroscope de verre et d'acier penché sur mes propres sirops protoplasmiques », dira Sartre dans *les Mots.* J'ai essayé de suivre, ou poursuivre, ce double Je.

D'abord, en deux études sur *la Nausée,* d'inspiration

psychanalytique, *le Neuf de cœur : fragment d'une psycholecture* et *Phallotexte et gynotexte dans La Nausée :* « Feuillet sans date ». Je m'y suis efforcé de soulever certains des voiles dont s'enrobe savamment, ô combien, le célèbre texte, pour autant qu'il cherche à dérober le sexuel. De Sartre, bien sûr, à travers Roquentin.

Ce refoulé fait franchement retour ou irruption dans les publications posthumes : *Carnets de la drôle de guerre, Lettres au Castor,* sans compter les *Entretiens* avec Simone de Beauvoir et de multiples interviews. Seulement, cette fois, à trop ouvertement se livrer, qu'est-ce donc qui se dissimule ? C'est le thème du troisième essai, *Sartre : retouches à un autoportrait,* où j'ai essayé de montrer comment, en cet autoportrait surabondant, composite et contradictoire, l'image de soi finit par flotter et se perdre. Quitte à venir se prendre, s'engluer, pour utiliser les métaphores chères à l'auteur, là où on l'attendrait le moins : dans les textes philosophiques. Une question troublante, inquiétante se pose alors : Et si la *théorie* (pas uniquement celle de Sartre !) était la forme la plus détournée, la mieux déguisée, mais la plus littérale, du *geste autobiographique ?* Cette question, je me contenterai ici de la poser, sans être tout à fait sûr de la réponse.

RÉTROSPECTIONS

Corneille : masculin/féminin*

Réflexions sur la structure tragique

*Il y a donc bien toujours, et sans doute encore davantage en 1984,
selon le titre du petit livre de Jean Schlumberger qui fit époque
en 1936,* Plaisir à Corneille. *En ce qui me concerne, il s'agit d'un
plaisir mélancolique, et j'intitulerais volontiers mes propos :* Retour
à Corneille. *Ce qui, dans mon cas, implique forcément retour sur soi.
Vingt ans déjà que j'ai publié cette étude qui me vaut aujourd'hui votre
invitation : vingt ans aussi que j'ai délaissé Corneille. J'eus pour lui
une vive passion de jeunesse. J'en ai eu d'autres depuis. Proust, Freud.
J'ai débité ma propre vie en tranches romanesques, je me passionne
maintenant pour moi-même. Aucune passion ne dure, pas même celle-
là. Je souffre, je vous l'avouerai, d'une maladie fort commune et
jusqu'ici incurable : l'âge. Son symptôme le plus inquiétant est cette
distance, sans cesse grandissante, qui se creuse entre notre état présent
et les étapes de notre vie. Corneille est déjà loin de moi ; mon livre sur
Corneille, encore plus. Entre-temps, une impressionnante floraison de*

---

* Repris des Actes de Tucson (publiés par *Biblio 17*, 1984).

11

travaux critiques a fait pendant à la vigoureuse poussée sur la scène. Chaque génération a son approche, son langage critiques : dans ce domaine comme dans les autres, place aux plus jeunes ! L'âge comporte, toutefois, un triste privilège dont j'userai : la rétrospection, ce simulacre de la sagesse. Corneille lui-même n'a pas dédaigné d'y recourir, comme le montrent ses fameux Examens de 1660, eux-mêmes réexaminés jusqu'en 1682, se donnant le droit, après coup, non seulement de commenter, mais d'amender ses propres pièces. Je me permettrai, pour mon humble part, d'imiter cette démarche illustre. En me limitant à un point précis, et qui me touche toujours de près : la nature et la structure du tragique ou, eût-on dit au Grand Siècle, le « nœud » de la tragédie, j'aimerais tenter de ressaisir le moment où il se noue, quelque part entre la Place Royale *et* Horace, *en son implacable rigueur. C'est-à-dire renouer avec la lecture que j'en ai jadis faite, m'y relier, pour relire Corneille. Peut-être afin de m'en délier.*

Que se passe-t-il donc d'essentiel, en *ce Cid* qui fit de Corneille, du jour au lendemain, un « classique », et qu'il fait passer jusqu'à nous, dans son *Examen,* avec une délectation légitime ? « J'ai remarqué aux premières représentations, qu'alors que ce malheureux amant se présentait devant elle [Chimène], il s'élevait un certain frémissement dans l'assemblée, qui marquait une curiosité merveilleuse, et un redoublement d'attention pour ce qu'ils avaient à se dire dans un état si pitoyable. » *Frémissement/pitié,* la réaction spontanée du public réalise bien cette « épuration » de l'émotion tragique, la fameuse « catharsis » d'Aristote, « *di'éléou kai phobou* » (*Poétique,* 49*b* 25), sauf qu'ici, la « crainte » se voile d'une attente et d'une attention. La « curiosité merveilleuse » transforme la peur en angoisse pâmée devant un impensable qui arrive.

> Elvire, où sommes-nous, et qu'est-ce que je vois ?
> Rodrigue en ma maison ! Rodrigue devant moi !
>
> (III, 4, 853-854)

Rodrigue, la nuit, surgissant de l'ombre, chez une femme, qui est fille de l'homme qu'il vient de tuer :

> Mais chercher un asile en la maison du mort!
> Jamais un meurtrier en fit-il son refuge?

(III, 1, 749-750)

Si Elvire et Chimène n'en croient pas leurs yeux, comment s'étonner que les spectateurs s'étonnent? La stupéfaction devant cette incongruité radicale passe tout naturellement de la scène à la salle, et de la salle jusqu'à Corneille, qui admet volontiers l'absurdité :

> Aristote dit qu'il y a des absurdités qu'il faut laisser dans un poème, quand on peut espérer qu'elles seront bien reçues; et il est du devoir du poète, en ce cas, de les couvrir de tant de brillants qu'elles puissent éblouir.

Corneille semble ici anticiper et justifier la conclusion du célèbre article de Freud sur « La création littéraire et le rêve éveillé », où il était dit que « le créateur d'art atténue le caractère du rêve diurne égoïste au moyen de changements et de voiles et il nous séduit par un bénéfice de plaisir purement formel, c'est-à-dire par un bénéfice de plaisir esthétique qu'il nous offre dans la représentation de ses fantasmes »[1]. Il faut comprendre, toutefois, que la scène fantasmatique mime à son tour la scène tragique, s'il est vrai, comme ajoute aussitôt Freud, que « la véritable jouissance de l'œuvre littéraire provient de ce que notre âme se trouve par elle soulagée de certaines tensions ». Nous voilà de retour à la fameuse « catharsis », point de départ, ne l'oublions pas, de l'entreprise freudienne.

Dans la scène qui nous occupe, crainte et pitié sont suspendues (faut-il dire *à* ou *par*?) une « curiosité merveilleuse ». Qu'est-ce que Rodrigue et Chimène pouvaient bien avoir à se dire en leur état? Et, d'abord, qu'est-ce que Rodrigue venait faire chez Chimène? Là est le hic, et nul ne l'a exprimé

---

1. *Essais de psychanalyse appliquée,* Paris, Gallimard, coll. « Idées », p. 80-81.

avec autant de clarté ni de force que Scudéry dans ses
Observations sur « Le Cid ».

> Nous voici arrivés au troisième acte, qui est celui qui a fait battre
> des mains à tant de monde, à tous ceux qui ne savent pas discerner
> le bon or avec l'alchimie, et qui seul a fait la fausse réputation du
> *Cid*. Rodrigue y paraît d'abord chez Chimène, avec une épée qui
> fume encore du sang tout chaud qu'il vient de faire répandre à son
> père ; et par cette extravagance si peu attendue, il donne de
> l'horreur à tous les judicieux qui le voient, et qui savent que ce
> corps est encore dans la maison. Cette épouvantable procédure
> choque directement le sens commun ; et quand Rodrigue prit la
> résolution de tuer le comte, il devait prendre celle de ne revoir
> jamais sa fille. Car de nous dire qu'il vient pour se faire tuer par
> Chimène, c'est nous apprendre qu'il ne vient que pour faire des
> pointes[2]...

Si Scudéry pousse les hauts cris, ces derniers ne sont
nullement incohérents. Disons qu'il n'a pas mal réagi, mais
abréagi ; son affect coincé, ayant raté sa catharsis, s'est converti
en hystérie de la plume : son discours convulsif est un vrai
symptôme, c'est-à-dire, en définitive, un symptôme du *vrai*.
Ce qui fait frémir Scudéry, comme les spectateurs, mais en sens
inverse, est l'apparition d'un refoulé fondamental, le retour
massif d'une *vérité* :

> Nous maintenons que toutes les vérités ne sont pas bonnes pour
> le théâtre, et qu'il en est de quelques-unes comme de ces crimes
> énormes, dont les juges font brûler les procès avec les criminels.
> Il y a des vérités monstrueuses [...] qu'il faut supprimer pour le
> bien de la société (p. 809).

Ce geste de clôture, cette répression volontaire de la vérité,
si franchement admis ici par Chapelain, semblent anticiper le
jugement du roi Tulle, devant l' « énorme action » d'Horace
(v. 1728) : « ... que Rome dissimule / Ce que dès sa naissance
elle vit en Romule » (v. 1751). Le malheur, ou plutôt la
tragédie, est qu'avant de dissimuler, il faut montrer. S'il y a

2. Corneille, *Œuvres complètes*, I, Paris, Pléiade, 1980, p. 789.

alors chez les spectateurs, nous dit Corneille, « redoublement d'attention », c'est que le scandale qui s'expose est double : il y a d'abord le fait que Rodrigue *se montre (Rodrigue en ma maison ! Rodrigue devant moi !)* ; mais il y a autant, et plus encore, *ce qu'il montre* :

— Quatre mots seulement :
Après, ne me réponds qu'avecque cette épée.
— Quoi ! du sang de mon père encor toute trempée !

L'exposition devient de l'exhibitionnisme. Lequel gêne naturellement le Corneille assagi de l'*Examen,* qui donne rétrospectivement raison à Chapelain et à Scudéry : « Les deux visites que Rodrigue fait à sa maîtresse ont quelque chose qui choque cette bienséance de la part de celle qui les souffre [...] Pour ne déguiser rien, cette offre que fait Rodrigue de son épée à Chimène, et cette protestation de se laisser tuer par don Sanche, ne me plairaient pas maintenant. » Comme lui devient intolérable, à partir de 1660, cet autre jeu d'épée par lequel Horace, sous nos yeux, transperce Camille sur la scène.

Ces rappels historiques connus, mais longtemps négligés ou relégués au statut de la petite histoire, voire de l'historiette, me paraissent, aujourd'hui comme hier, le fil d'Ariane qui doit nous guider en notre descente aux complexités cornéliennes. Aujourd'hui comme hier, je reste persuadé qu'une critique « moderne » n'est pas une critique qui se détournerait de l'histoire, pour sauter à pieds joints dans la dialectique, les structures, l'inconscient ou la déconstruction. Si une œuvre arrive jusqu'à nous, c'est à partir de l'historicité qui la porte. Scudéry, Chapelain, Corneille glossateur n'étaient nullement des demeurés de la « bienséance », des embourbés de l'aristotélisme, mais, à travers les grilles de leur temps, de fins lecteurs, dont les remarques indiquent encore exactement les points par où notre propre lecture doit passer. J'ai donc moi-même, en mon temps, essayé de rendre compte de la rumeur scandaleuse qui accompagna cette épiphanie du tragique dans l'univers de la tragi-comédie, de mettre à mon tour en lumière ce qui s'y montrait de « choquant » et de « monstrueux », et qui eût dû demeurer dans les ténèbres.

Après tant de niaiseries sur *le Cid* comme « merveilleux poème d'amour » et « miracle de jeunesse », après tant de commentaires affadissants dont la palme revient à R. Brasillach (« Dans cette scène célèbre, la voix que nous entendons, c'est la voix même, sourde, basse de la jeunesse émue [...] et qui, à tâtons, dans la lumière pâle de la lune, près du jardin d'Espagne où les fleurs exhalent leurs parfums, se cherche, se reconnaît »[3]), je disposais à l'époque d'une lecture enfin intelligente ou, simplement, honnête, celle de Nadal, auquel je tiens ici à rendre hommage. Dans son chapitre sur « Rodrigue et Chimène », il montre bien que leur rencontre, absurde sur le plan de la vraisemblance dramatique, répréhensible sur le plan de la bienséance morale, représentait pour Corneille « une nécessité plus impérieuse que les règles » : « une curiosité, un besoin spirituel exigeaient cette confrontation. Qu'aurait importé en effet l'histoire du Cid en dehors de ce colloque suprême...? »[4] Nadal décompose la première rencontre en deux temps : 1) La personne de Chimène désormais perdue « non comme un objet d'estime et d'adoration, mais comme une promesse de jouissance » (p. 166), Rodrigue vient « implorer la mort de la main de sa maîtresse » (p. 169), tout en revendiquant hautement le bien-fondé de son geste meurtrier : il y a, dorénavant, irrémédiablement entre eux cette épée, « cette pièce à conviction qu'on ne peut récuser ». « Toute son attitude, toute sa force d'âme tendent à en affirmer la noblesse et la nécessité. Ni mensonge, ni calcul, on veut le croire, n'altère sa fervente prière : il peut bien imaginer et même désirer qu'un devoir de vengeance, aussi dur que celui qui le tourmenta, habite Chimène et lui commande de le tuer. » 2) L'épée rengainée, Rodrigue dégaine son éloquence, et c'est là que les choses se gâtent. Après son long plaidoyer *pro domo,*

3. *Corneille,* Paris, Arthème Fayard, 1938, p. 147.
4. *Le Sentiment de l'amour dans l'œuvre de P. Corneille,* Paris, Gallimard, « Bibliothèque des Idées », 1948, p. 168-169.

qui est invite mutuelle à la générosité, un trouble personnage surgit : « ne serait-ce pas à un chantage que se livrerait le héros ? » Chimène a beau avouer qu'elle ne saurait le haïr, « malgré cet aveu il ne cesse de la tourmenter, de provoquer et de consommer sa ruine morale ; enfin il ne la quitte qu'elle n'ait révélé sa pensée la plus intime : souhaiter que la poursuite judiciaire n'aboutisse pas ». Et Nadal ajoute avec force : « Il y a du mépris dans cet acharnement de Rodrigue à poursuivre Chimène comme une proie ; il la réduit à merci, ne l'abandonne que vaincue et humiliée [...] Rodrigue se sent, se veut et se sait le maître [...] Amour de maître à esclave, non de maître à maîtresse » (p. 171). La seconde rencontre ne fait qu'amplifier et exacerber le mouvement de la première.

Ma propre lecture s'articule à celle de Nadal, pour en tirer des conclusions opposées. Sur le premier point, je reprends, dans ma terminologie, son analyse : « On s'est souvent demandé ce que Rodrigue cherchait en présentant ainsi son épée à Chimène ; il faut répondre tout simplement : à mourir. Car, étant donné la perspective particulière de l'éthique aristocratique et la pleine adhésion de Chimène à celle-ci, dont Rodrigue ne doute pas un instant, il faut réaliser qu'en offrant ainsi à Chimène de le tuer, il prend le risque réel qu'elle le fasse. Et c'est précisément ce risque mortel qui distingue le défi du chantage. »[5] De prémisses identiques à celles de Nadal, je tire une conclusion contraire : loin de chercher à écraser Chimène, « Rodrigue fait tout son possible pour mener Chimène vers le salut, en l'aidant à réaliser ses propres valeurs » (p. 109). Et là-dessus, d'énumérer tous les vers où Chimène proclame sa symétrie absolue par rapport à Rodrigue :

> Même soin me regarde et j'ai, pour m'affliger,
> Ma gloire à soutenir et mon père à venger.

> (v. 915-916).

5. *Corneille et la dialectique du héros*, Paris, Gallimard, « Bibliothèque des Idées », 1964, p. 108.

Tu n'as fait le devoir que d'un homme de bien ;
Mais aussi, le faisant, tu m'as appris le mien...

(v. 911-912)

Je suivrai ton exemple (v. 953).

Tu t'es, en m'offensant, montré digne de moi ;
Je me dois, par ta mort, montrer digne de toi.

(v. 931-932).

« C'est par la mort de Rodrigue que Chimène doit se prouver son *égale* [...]. Demander à Chimène de le tuer, pour Rodrigue, c'est simplement exiger la consommation la plus haute de leur amour » (p. 109). Mais voilà, une dissymétrie apparaît : Chimène n'est pas l'égale de Rodrigue. Ce n'est nullement Rodrigue qui est cruel, c'est Chimène qui est lâche ou qui lâche : « Chimène veut "suivre son exemple", mais elle ne le peut ; chez elle, en quelque sorte, la dialectique héroïque s'enraye. Elle reste prise, engluée dans la passion... restée au stade du désir, incapable de chercher le contentement au-delà de la perte sensible, au lieu de faire l'ablation et l'oblation de son amour, elle s'y agrippe ; elle ne peut dépasser le règne du vital » (p. 110). Elle n'a pu tuer, parce que, au fond, elle n'a pas eu le courage de mourir : « Ma mort suivra la sienne, et je le veux punir ! » (v. 828). Selon la dialectique du Maître et de l'Esclave, qui est ici l'impitoyable loi tragique, « l'entrevue, commencée sous le signe de la *réciprocité,* se termine fatalement sous le signe de la *supériorité absolue* du vainqueur » (p. 113). Ce qui, finalement, semble rejoindre la conclusion de Nadal : « amour de maître à esclave, non de maître à maîtresse », mais avec cette différence que Nadal dit : « c'est la faute de Rodrigue » et moi : « c'est la faute de Chimène ». Dans les deux cas, l'analyse suppose une position rigoureusement symétrique des actants, marquée par la catégorie cornélienne du *digne de,* qui fonctionne aussi bien entre Rodrigue et don Diègue qu'entre Rodrigue et Chimène ; tout changement de polarité ou de niveau, élévation ou abaissement, est attribuable à la performance personnelle des acteurs.

« Cette offre que fait Rodrigue de son épée à Chimène [...] ne me plairait pas maintenant », disait Corneille. L'interprétation que j'ai moi-même offerte de cette offre ne me plairait plus aujourd'hui. Ce n'est pas que je récuse la loi de fonctionnement de la dialectique de la Maîtrise, telle que j'ai cru pouvoir l'établir, à partir du *« Meurs ou tue »,* comme moteur du tragique cornélien, comme « nœud » de la tragédie. Mais mon interprétation et celle de Nadal sont fausses, du fait que le fonctionnement de cette loi est *faussée,* dès lors qu'il ne s'agit plus de l'affrontement du *masculin au masculin,* mais de la confrontation du *masculin et du féminin.* Nadal et moi avons été victimes de la même illusion que Rodrigue et Chimène : celle de croire que l'identité des discours indique une réciprocité des positions. Certes, Rodrigue feint de mettre partenaires masculins et féminins sur le même plan : « Je dois à ma maîtresse aussi bien qu'à mon père » (v. 322) ; « L'infamie est pareille et suit également / Le guerrier sans courage et le perfide amant » (v. 1065-1066). Et, de son côté, le discours féminin paraît tellement à l'unisson du discours masculin qu'il en constitue parfois un pur écho : témoin cette scène étonnante (II, 3), où, dans l'intimité d'une conversation avec l'Infante, Chimène répond, sans l'avoir entendue, à la question de don Diègue : « Rodrigue, as-tu du cœur ? », par « Rodrigue a du courage », et redouble à son insu le : « Et pour des coups d'essai veulent des coups de maître » de Rodrigue d'un : « Les hommes valeureux le sont d'un premier coup. » Malgré l'idéologie de surface ou de commande, le code chevaleresque ou précieux, la femme n'est *jamais le double ou l'*alter ego *de l'homme.* C'est bien le malheur du héros, voire la tragédie : qu'il lui faille aimer *une femme.* Si seulement on pouvait s'aimer entre hommes, on s'entre-estimerait à l'infini. Mais, entre hommes, on s'entre-tue. Avec les femmes, on s'entr'aime et on s'entrave. Rodrigue, lui, est encore jeune, il veut trancher le *nœud :* c'est pourquoi il brandit, face à Chimène, son *épée.*

Nadal et moi, on s'est tellement identifiés à Rodrigue, l'un à la version idéale, l'autre à la version machiste, qu'on n'a pas vu ce qui ici crevait les yeux — mais justement de tout autre que Rodrigue ! Le regard clairvoyant des adversaires, lui, n'était pas aveugle : « Car de nous dire qu'il vient pour se faire tuer par Chimène, c'est nous apprendre qu'il ne vient que pour faire des pointes : les filles bien nées n'usurpent jamais l'office des bourreaux » (Scudéry). « Puisqu'il n'y avait point d'apparence de s'imaginer sérieusement que Chimène se résolût à faire cette vengeance avec ses mains propres, il ne devait point différer à se donner lui-même le coup qu'elle lui aurait si raisonnablement refusé. C'était montrer évidemment qu'il ne voulait pas mourir... »[6] C'est vrai, à condition d'ajouter : sur le plan de l'inconscient. Mais on pardonnera à Chapelain de n'avoir pas lu Freud. *Consciemment,* en effet, il ne fait nul doute que, après avoir tué le Comte, Rodrigue *veut mourir :* il le déclare sans ambages avant la rencontre avec Chimène : « Je cherche le trépas après l'avoir donné » (v. 753) et il le répète ensuite à don Diègue : « Et ne pouvant quitter ni posséder Chimède / Le trépas que je cherche est ma plus douce peine » (III, 6, 1071-1072). Il ne fait, d'ailleurs, que reprendre une des tentations ou impulsions qui l'avaient assailli au cours des Stances : « Il vaut mieux courir au trépas » (v. 321). Le souci d'honneur satisfait, le désir de mort reparaît. Il n'y a aucune raison d'en contester la sincérité : c'est si superficiel, la sincérité ! Il n'y a aucune raison non plus de contester que Rodrigue prenne, par cette survenue nocturne, un risque réel. Cela, Elvire elle-même l'atteste :

> Fuis plutôt de ses yeux, fuis de sa violence ;
> A ses premiers transports dérobe ta présence ;
> Va, ne t'expose point aux premiers mouvements
> Que poussera l'ardeur de ses ressentiments.

(III, 1, 758-761).

Elvire précise même aussitôt la nature de ce péril :

> Chimène est au palais, de pleurs toute baignée,
> Et n'en reviendra point que bien accompagnée.

---

6. *Sentiments de l'Académie, in* Pléiade, I, *op. cit.,* p. 789, 815.

Le danger existe et donne *en partie* son sens à la démarche de Rodrigue : il est que Chimène, dans un moment d'égarement, ne laisse faire sa suite, qu'elle lui permette d'envoyer l'amant rejoindre le père *ad patres.* Mais là où la posture de mourant tourne à l'imposture — là où Scudéry et Chapelain ont raison contre Nadal et Doubrovsky — c'est quand Rodrigue demande à Chimène de *le tuer,* quand il lui offre son *épée,* avec une belle insistance.

En vertu même de cette « éthique aristocratique » que Rodrigue, Nadal et moi-même lui supposons d'un commun accord, Chimène ne saurait, en effet, accepter le pseudo-parallélisme que Rodrigue affirme :

> Ta générosité doit répondre à la mienne ;
> Et pour venger un père emprunter d'autres bras,
> Ma Chimène, crois-moi, c'est n'y répondre pas :
> Ma main seule du mien a su venger l'offense,
> Ta main seule du tien doit prendre la vengeance.

> (III, 4, 948-952).

Chimène déjoue d'un mot cette symétrie trompeuse : « Tu t'es vengé sans aide, et tu m'en veux donner ! » (v. 954). Ce que Rodrigue propose, comme la réciproque de son *duel* avec le Comte (« ma main seule »), n'est ni plus ni moins qu'un *meurtre* (« ta main seule »). L'homologue du geste suprême de l'honneur serait un acte éminemment déshonorant, l'assassinat, irréparable lâcheté que commettra justement Horace contre un être sans défense. On comprend que Chimène, faisant écho à Scudéry, puisse s'écrier :

> Va, je suis ta partie, et non pas ton bourreau.
> Si tu m'offres ta tête, est-ce à moi de la prendre ?
> Je la dois attaquer, mais tu dois la défendre.

> (v. 942-944).

« *Meurs ou tue* », certes, commandement quasi religieux, mais qui implique combat loyal, risque mutuel de la vie, d'individu à individu (Rodrigue/le Comte) ou de groupe à

21

groupe (Espagnols/Mores), bref : *affrontement d'homme à homme*. Mais non d'*homme à femme* : la relation cesse instantanément d'être réciproque. En remplaçant la loi implacable du « *Meurs ou tue* » par la mise à mort, le héros propose à l'héroïne non pas l'accès au geste initiatique de la Maîtrise, mais, comme les tragédies postérieures le montreront, un comportement d'Esclave. Rodrigue est donc d'une parfaite mauvaise foi, au sens sartrien, quand il méconnaît la différence fondamentale de la position masculine et de la position féminine dans l'établissement des rapports de force qui fondent la légitimité cornélienne, quand il s'en dissimule la dissymétrie. Et Chimène est, à son tour, de mauvaise foi, quand elle en simule la symétrie par le recours d'abord à la poursuite, puis au duel judiciaires, feignant de rétablir un vrai *duel,* une relation hautement proclamée par elle d'égale à égal, là où, en fait, elle ne saurait obtenir gain de cause que par la médiation de l'autre (roi ou don Sanche), qui est toujours l'autre masculin. La vérité quant au « duel » du masculin et du féminin, Chimène l'avoue à Elvire au détour d'une métaphore :

> Rodrigue dans mon cœur combat encor mon père :
> Il l'attaque, il le presse, il cède, il se défend,
> Tantôt fort, tantôt faible, et tantôt triomphant.

(v. 816-818).

C'est assez dire que la femme ne saurait être l'agent, le sujet actif d'un duel : elle en est le lieu ou le réceptacle. C'est dire aussi combien l'inégalité des positions existentielles se modèle ici sur la disparité des positions sexuelles.

Que vient donc faire Rodrigue, la nuit, chez Chimène, contrevenant à toute bienséance, nous dirons violant un *tabou,* à la jouissance complice des uns, au scandale indigné des autres ? Consciemment, il vient pour mourir, ne pouvant renoncer à la possession amoureuse de Chimène, désormais interdite ; sa justification, qui authentifie sa démarche à ses propres yeux comme aux nôtres, est qu'il en court véritablement le risque. Or, n'ayant justement pas été repéré par l'escorte de Chimène et en particulier par don Sanche tout prêt à le pourfendre (« Oui, Madame, il vous faut de sanglantes victimes », III, 2, 774), ayant donc *échappé* en se cachant (« Rodrigue, cache-toi », 773), procédé, pour un héros, peu héroïque, c'est le moins qu'on puisse dire, voilà le moment que choisit notre vaillant pour tirer l'épée devant Chimène (III, 4), épée qui était restée engainée devant Elvire (III, 1). Mais si notre analyse, reprenant celle des Académiciens, est exacte, s'il ne court en cette confrontration aucun risque, quel est le sens de ce geste ostentatoire et réitéré ? Il s'agit d'un geste *symbolique*. Comme G. Gouton le rappelle dans une notice de l'excellente édition des *Œuvres complètes,* « l'épée est presque un personnage de la pièce, et non un accessoire. Elle est symbole » (p. 1453). D'une filiation, d'abord : c'est l'épée de don Diègue, tombée de sa main, dédaignée par le Comte, remise et transmise à Rodrigue, insigne de sa chevalerie. « Fer qui cause ma peine » : dans les Stances, Rodrigue s'adresse à lui comme une idole. Plus tard, l'épée de don Sanche, que celui-ci apportera à Chimène de la part de Rodrigue vainqueur (V, 5), prolongera, en quelque sorte, celle de Rodrigue désormais invincible. Dans la société féodale, l'épée est le symbole même de la virilité, du principe qui régit les rapports d'homme à homme, père à fils, frère à frère, suzerain à vassal. C'est en vertu du droit de l'épée que Rodrigue devient le Cid. Le Chef, comme chez les orang-outans et les chimpanzés, est le Mâle suprême :

> Sous moi donc cette troupe s'avance
> Et porte sur son front une mâle assurance.
>
> (v. 1264-1265).

Entre hommes, c'est clair. Mais tirer l'épée devant une femme veut dire quoi ?

C'est non moins clair, dira-t-on, le sens saute aux yeux, encore que je ne l'aie pas vu ou voulu voir à l'époque : l'épée-arme devient tout naturellement l'*espadon-phallus.* Dans les deux cas, comme le français l'indique si bien, il s'agit de faire montre de sa *puissance*. Soit. Mais que fait donc Rodrigue, lorsqu'il exhibe, contre toute attente et toute bienséance, l'emblème de sa virilité devant Chimène ? Si ce n'est pas pour qu'elle le tue, c'est pour quoi alors ?

> — Quatre mots seulement.
> Après, ne me réponds qu'avecque cette épée.
> — Quoi ! du sang de mon père encor toute trempée !
>
> — Il est teint de mon sang.
> — Plonge-le dans le mien,
> Et fait lui perdre ainsi la teinture du tien.

> (v. 860 *sq.*).

On comprend que les bonnes âmes aient hurlé au scandale ! Si ce qui ôte désormais à Rodrigue tout goût de vivre est, comme l'a justement souligné Nadal, la perte physique de Chimène comme « promesse de jouissance », on peut dire que cette exhibition sanguinaire ou sanguinolente est jouissance fantasmatique d'une défloration dorénavant interdite, qui s'assouvit sur le mode substitutif : « Puisque je ne peux pas t'avoir, à toi de me pénétrer, pourvu qu'il y ait du sang qui coule ! » Tout comme le phallus peut prendre tour à tour une valeur guerrière ou érotique, le « sang » signifie à la fois les devoirs de la filiation masculine (« Viens mon fils, viens, mon sang ») et les plaisirs liés à l'hymen. L'effraction nocturne de Rodrigue serait, purement et simplement, un *viol symbolique*.

Mais, de même que la situation est loin d'être pure, elle n'est pas simple. Le fantasme *érotique* de défloration se redouble aussitôt d'une pulsion d'*emprise* agressive, dont il est inséparable, comme l'avers et le revers d'une médaille ou comme les deux sens du mot « puissance » : il faut aussi comprendre le parallélisme une fois encore affirmé (« Il est teint de mon sang. — Plonge-le dans le mien ») comme un *défi* lancé par Rodrigue à Chimène : « Essaie donc de faire comme moi ! » Et la jouissance profonde est de *savoir qu'elle ne peut pas*. Je crois que les deux rencontres de Rodrigue et de Chimène s'éclairent si on les rapproche ici des deux scènes qui en sont l'homologue exact, ou, dirait Mauron, qui leur sont rigoureusement superposables : les deux confrontations d'Alidor et d'Angélique dans *la Place Royale* (II, 2 et III, 6). Prenons la première. Alidor, qui n'a pas le courage de rompre avec Angélique, a décidé de l' « offenser pour acquérir sa haine » (v. 250) ; il lui fait remettre une lettre d'amour « supposée à Clarine », en gage de son infidélité, puis il paraît lui-même, pour ajouter aux insultes contenues dans la missive (« Angélique n'a point de charmes... / Vous devez mes affections / Autant à ses défauts qu'à vos perfections ») l'injure que fait à Angélique sa présence effrontée :

> — Eh bien ! ta perfidie est-elle en évidence ?
> — Est-ce là tant de quoi ? — Tant de quoi ! L'impudence !
>
> (v. 369-370).

Les insultes de la lettre incriminent un attribut essentiel de la féminité : ses attraits. Or, les charmes sont les armes de la femme ; en accusant les défauts de son visage, Alidor enlève à Angélique l'unique source de son pouvoir. C'est bien en termes de *pouvoir* que l'affrontement ou l'affront se présentent :

Angélique

Ciel, tu ne punis point des hommes si méchants !
Ce traître vit encore, il me voit, il respire ;
Il m'affronte, il l'avoue, il rit quant je soupire.

Alidor

Vraiment le ciel a tort de ne vous pas donner,
Lorsque vous tempêtez, son foudre à gouverner ;
Il devrait avec vous être d'intelligence.

> (v. 380-385).

Des hommes si méchants / vous, les femmes. L'opposition ici est moins de personnes que de sexe :

(Angélique déchire la lettre et en jette les morceaux et Alidor continue)

Le digne et grand objet d'une haute vengeance !
Vous traitez du papier avec trop de rigueur.

Angélique

Que n'en puis-je autant faire à ton perfide cœur!

On ne saurait plus clairement indiquer que l'*affront* souligne, en fait, l'impossibilité d'un *affrontement,* c'est-à-dire la non-symétrie, la non-réciprocité des positions masculine et féminine sur l'axe de la puissance : Angélique met la lettre en morceaux, au lieu d'Alidor; elle n'a droit qu'à une vengeance symbolique, donc impuissante, ce qu'elle est la première à admettre :

> Ah! que n'ai-je eu des bras à suivre mon courage!
> Qu'il m'eût bien autrement réparé cet outrage!
> Que j'eusse retranché de ses propos railleurs!

(II, 3, 425-427).

Mais, en fait de « retranchement », la castrée, c'est elle; ce que, par un jeu de scène où l'insolence se mue en grossièreté sans précédent, lui *fait voir* Alidor :

> *(Il lui présente aux yeux un miroir*
> *qu'elle porte pendu à sa ceinture).*
> Cassez : ceci vous dit encor pis que ma lettre.

(II, 2, 394).

On admirera la précision des indications scéniques, rares en général chez Corneille : le miroir, tendu par Alidor, révèle, par-delà les « défauts du visage », ou en deçà, un défaut autrement grave, essentiel, qu'Angélique porte, par une exacte métonymie, pendu, lui aussi, « à sa ceinture » ou pas très loin. On notera que ce n'est qu'après qu'Angélique eut déchiré la lettre que le miroir lui est tendu, pour lui dire littéralement : « Tu ne t'es donc pas regardée! tu veux te venger; mais dis donc, c'est moi qui *l*'ai! » Pendu à sa ceinture, lui aussi, en bon gentilhomme, sous forme d'épée. La seconde rencontre (III, 6), parallèle à la seconde rencontre entre Rodrigue et Chimène, jouera une fois de plus de cette différence de « courage », dans tous les sens du terme, entre homme et femme, sous forme de chantage à la mort :

> Préférez-moi Doraste, et devenez sa femme.
> Je vous viens, par ma mort, en donner le pouvoir.
>
> (v. 838-839).

Et au fameux « Sors vainqueur d'un combat dont Chimène est le prix » fait écho l'aveu d'Angélique :

> Use sur tout mon cœur de puissance absolue :
> Puisqu'il est tout à toi, tu peux tout commander.
>
> (v. 866-867).

L'aveu, comme dans le cas de Chimène, est en fait une reddition, puisqu'il concède au désir masculin son objet ultime : *commandement* et *puissance,* reléguant la femme à son rôle naturel et culturel de *témoin du manque.*

Alidor n'est certes pas le double de Rodrigue, mais sa caricature. Rien de plus révélateur, toutefois, que l'exagération de certains traits. Chez Alidor s'esquisse le schéma de la jouissance masculine, que le code chevaleresque ou précieux refoulera partiellement chez Rodrigue : Alidor tend à Angélique un miroir pour s'y mirer lui-même, y admirer son surplus d'être. N'oublions pas qu'à l'origine de son désir de rompre avec Angélique, il y avait le sentiment insupportable d'une liberté dominée :

> J'ai honte de souffrir les maux dont je me plains,
> Et d'éprouver ses yeux plus forts que mes desseins.
>
> (I, 4, 227-228).

On ne saurait mieux dire que, pour le personnage masculin, qu'il s'agisse de rapports agoniques avec les hommes ou de rapports amoureux avec les femmes, il n'est qu'un type de relations : *l'épreuve de force.* La seule gratification libidinale est égomaniaque, sa seule source la pulsion d'emprise, muée en volonté de puissance :

Et si pour un ami ces effets je produis,
Lorsque j'agis pour moi, qu'est-ce que je ne puis?

(III, 6, 907-908).

Tel est l'orgasme masculin : un soubresaut d'omnipotence. On remarquera que l'ivresse virile d'Alidor, qui conclut la seconde rencontre avec Angélique, trouve son écho amplifié dans l'exclamation de Rodrigue, au terme de sa deuxième confrontation avec Chimène :

Est-il quelque ennemi qu'à présent je ne dompte?
Paraissez, Navarrais, Mores et Castillans...

(V, 7, 1561-1562).

Suivant le scénario cornélien idéal, le rôle de la femme serait donc de fournir une énergie amoureuse que la machine militante masculine convertirait aussitôt en agressivité allègre, utilisable par l'Etat et par l'Histoire. Le bon usage de la femme en ferait, pour le héros, son meilleur adjuvant.

Tel est, bien sûr, le schéma typique de la prouesse courtoise, dont Rodrigue se veut et se croit le digne héritier, face à l'obscurantisme paternel. En fait, prêtons de nouveau l'oreille (« *the third ear* » de Reik) à la jubilation de Rodrigue qui suit immédiatement la capitulation de Chimène :

— Sors vainqueur d'un combat dont Chimène est le prix.
Adieu : ce mot lâché me fait rougir de honte.

— Est-il quelque ennemi qu'à présent je ne dompte.

(V, 2, 1559-1561)?

Avant d'être les Navarrais et autres Mores ou Castillans, il est évident que l'*ennemi* ici nommément désigné est Chimène, celui qui, une fois vaincu, permet de vaincre tous les autres. Une vérité, la vérité tragique, scandaleuse et monstrueuse, se fait jour : l'homme, dans la lutte pour le pouvoir, est un *adversaire ;* dans la dialectique de la maîtrise, la femme est le seul *ennemi.* Et c'est ce qu'avait grossièrement, caricaturalement, pressenti Alidor, au niveau de la comédie. Dans *la Place Royale*, A aime B, B aime A, aucune traverse extérieure : où est le drame ? Justement là, en cette réciprocité même. Alidor et le Corneille de la *Dédicace* posent le problème en termes d'opposition entre liberté intérieure et esclavage passionnel. Or, pourquoi un amour partagé instaurerait-il une servitude ? Cette fusion est, au contraire, pour l'héroïne, le modèle du bonheur conçu comme *union* :

> Simple, tu ne sais pas ce que c'est que tu blâmes
> Et ce qu'a de douceur l'union de deux âmes.
>
> *(Angélique)*.

> Et tu seras unie avec ton Curiace
> Sans qu'aucun mauvais sort t'en sépare jamais.
>
> *(Camille)*.

Si la réciprocité est *tragique* pour Alidor, c'est qu'elle *réintroduit* symétrie là où il y a dissymétrie ; égalité, là où il *doit* y avoir inégalité. Sous la belle façade du discours volontariste abstrait (« Et quand j'aime, je veux / Que de ma volonté dépendent tous mes feux »), la vérité d'Alidor s'énonce, en fait, par la bouche d'Arnolphe :

> Votre sexe n'est là que pour la dépendance :
> Du côté de la barbe est la toute-puissance.
> Bien qu'on soit deux moitiés de la société,
> Ces deux moitiés pourtant n'ont point d'égalité
>
> *(Ecole des femmes*, III, 2, 699-702).

L'amour n'est pas asservissement parce qu'il nous ferait dépendre d'autrui. Don Diègue « dépendra » de Rodrigue, le vieil Horace d'Horace, les Romains et les Albains « dépendront » des Horaces et des Curiaces, sans qu'il y ait là l'ombre d'une servitude. L'esclavage commence seulement quand il nous fait dépendre de qui « n'est là que pour la dépendance », quand il nous fait l'esclave de l'esclave. C'est-à-dire du sexe féminin.

Pourquoi la femme ou plutôt le *féminin* sont-ils l'ennemi suprême du héros ? La réponse est complexe et exigerait à elle seule toute une analyse. J'avais déjà posé la question dans mon étude et je reprendrai en gros certains des éléments de ma réponse. S'il est vrai que le mouvement de l'héroïsme, pour se faire reconnaître comme homme par un autre homme, consiste à *s'élever au-dessus de la vie,* par le risque volontaire, l'affrontement délibéré de la mort, le mouvement vers la reconnaissance réciproque générant ainsi une opposition mutuelle (« Meurs ou tue » cornélien, lutte à mort des consciences hégélienne), le discours féminin, si docile soit-il aux normes masculines, si respectueux soit-il de la loi et de l'ordre, promeut en fait des *valeurs antithétiques.* Par des voies théoriques différentes, Mitchell Greenberg, dans sa belle analyse d'*Horace : « Classicism and Female Trouble »,* arrive à des conclusions similaires :

> These images equate Death to a spectacular passage. In this passage no man is (really) destroyed. The passage functions as an apotheosis. A man is changed into an ideal—duty, glory, honor—which, in turn, is recuperated as the reflection of the dominant ideology of the State [...]. It is precisely this leap into metaphor (into the political) that is denied the women in *Horace.* They are identified as feminine by their inability to sublimate Death. For them Death is never spoken as anything other than the physical horror of bodily rot[7].

Ces remarques s'appliquent déjà à l'univers du *Cid.* Tandis que le fameux récit du combat contre les Mores transforme instantanément le carnage en épopée sublime et la mort en ténèbres sublimées :

---

7. « Ces images font de la Mort un passage spectaculaire. En ce passage, personne n'est (réellement) annihilé ; il fonctionne comme une apothéose. Un homme est transformé en idéal — devoir, gloire, honneur — lequel, à son tour, est récupéré comme reflet de l'idéologie dominante de l'Etat... C'est précisément ce saut dans la métaphore (dans le politique) qui est refusé aux femmes dans *Horace.* Elles sont identifiées comme féminines par leur incapacité à sublimer la Mort. Chez elles, il ne saurait jamais être question de la Mort qu'en tant qu'horreur physique, décomposition des corps » (*Romanic Review,* May 1983, 277).

Et la terre, et le fleuve, et leur flotte, et le port
Sont des champs de carnage où triomphe la mort.
O combien d'actions, combien d'exploits célèbres
Sont demeurés sans gloire au milieu des ténèbres...

(IV, 3, 1306-1309),

la parole de Chimène restitue à la mort sa présence brute, sa visibilité scandaleuse et littérale :

Sire, mon père est mort ; mes yeux ont vu son sang
Couler à gros bouillons de son généreux flanc...
Rodrigue en votre cour vient d'en couvrir la terre.
J'ai couru sur le lieu, sans force et sans couleur :
Je l'ai trouvé sans vie. Excusez ma douleur...

(II, 8, 660-661, 667-669).

La femme, le féminin en elle, est du côté de la *vie,* et, avec Camille, on pourra même dire de la vie *à tout prix,* c'est-à-dire au prix même de la désertion de Curiace, de l'abolition de l'univers héroïque et de l'ordre politique. Il y a dans la femme, dans son féminin, la possibilité permanente d'une *Umwertung,* d'un renversement de toutes les valeurs, mais en un sens anti-nietzschéen et anti-cornélien : vers la douleur, la pitié, la perpétuation pure et simple de la vie. Avec ce corollaire peut-être le plus subversif : l'*individuation,* la valorisation exclusive d'*un* être, déjà revendiquée par Angélique, proclamée par Camille (« mon amant, mon plus unique bien »). Même quand il arrive à la femme de se dénaturer (Corneille ne partage nullement la vision idyllique et naïve que nous offre un certain féminisme contemporain de la femme comme être tout de tendresse, d'ouverture, d'indétermination bénigne), même quand il s'agit de Médée ou de Cléopâtre, le geste meurtrier ne débouche jamais sur l'instauration d'un *ordre,* il reste affirmation sauvage d'une *individualité* :

Votre pays vous hait, votre époux est sans foi :
Dans un si grand revers que vous reste-t-il ?
— Moi,

31

Moi, dis-je, et c'est assez.

> — Quoi ! Vous seule, Madame ?

> (*Médée,* I, 5, 315-317).

Cette autosuffisance n'est nullement le cri d'une femme « virilisée », mais l'assomption de la féminité en ses limites extrêmes : Rodrigue *sans* le système féodal, Horace *sans* Rome, ou Polyeucte *sans* Dieu ne sont pas un instant imaginables ! Si le héros passe par l'épreuve de la solitude, il n'est, en ce sens, jamais « seul » ; à travers lui s'institue et se constitue le Système. Dans ce Système, il n'y a pas d'individu ; chacun est, par définition, remplaçable, puisqu'un homme est une *fonction*. Comme dit don Diègue à don Gormas :

> Votre rare valeur a bien rempli ma place...
> Vous êtes aujourd'hui ce qu'autrefois je fus.

> (v. 210, 212).

Et Rodrigue sera, à son tour, ce qu'est don Gormas : « Mon bras qui tant de fois a sauvé cet empire » (v. 242, don Diègue) ; « Et ce bras du royaume est le plus ferme appui » (v. 196, le Comte) ; « Que peut-on m'ordonner que mon bras n'accomplisse » (v. 1828, Rodrigue). Tous les bras s'équivalent, du moment qu'ils sont « Le soutien de Castille et la terreur du More » (v. 1185). Dans le Système, la mort du Comte, que le discours de Chimène visualisait dans son horreur physique, est à peine une considération abstraite ; remplacé aussitôt par le roi comme *père* (« Ton roi te veut servir de père au lieu de lui », v. 673), et bientôt comme *bras* par Rodrigue, il « se voit ressuscité » (v. 1187) en la personne de celui qui va devenir le Cid. A la limite, le Comte n'est jamais mort, ou, ce qui revient au même, il est toujours déjà mort d'avance.

Seulement, le Système a des ratés. Le sublime ou la sublimation ne sont pas toujours possibles. « Honteux *attachements* de la chair et du monde / Que ne me quittez-vous quand je vous ai quittés », s'écriera Polyeucte dans ses Stances. « Et rompant tous ces *nœuds* s'armer pour la patrie », proclamera Horace (v. 447). Mais Alidor disait déjà : « A tel prix que ce soit il faut rompre mes *chaînes* » (v. 231). Alors que le héros est toujours prêt à s'élever au-dessus de la vie, dans son affrontement à l'Autre homme, voici, au contraire, qu'il retombe dans l'ordre du vital et s'y enlise, confronté à l'Autre femme. Attachement, nœud, chaînes, de quelque terme que se désigne ce lien, il ligote le héros en l'assujettissant à *une* personne, celle de l'aimée, dont sa trajectoire héroïque n'arrive pas à le détacher. Chimène n'est pas remplaçable : telle est la vérité tragique qui se révèle à Rodrigue en cette première rencontre, à laquelle nous ferons un dernier retour pour terminer. « Rodrigue », disais-je jadis, « se conquiert sur le père comme sur la fille, complète l'apprentissage de l'héroïsme à leur dépens, poursuit, avec le Comte et avec Chimène, le même "duel" » (p. 115). Une dissimilarité fondamentale empêche le « duel » d'être identique : dans le second affrontement, c'est le principe de la mise à mort qui se trouve interdit, voire récusé. Le système de l'*épée* et du *bras* se trouve débouté et son règne aboli, ou du moins, suspendu, et cela *chez le héros lui-même*. En brandissant un « fer » auquel est dénié d'entrée de jeu son rôle meurtrier, aussi *inutile* à présent entre les doigts de Rodrigue que tantôt dans la main de son père, l'amant agite aux yeux de l'aimée un phallus dérisoire, il essaie, à défaut de jouissance amoureuse, de jouir narcissiquement de sa *différence*. « Tu vois, tu ne peux pas, tu n'as pas le bras ! » entend-il signifier à Chimène, comme Alidor ne l'envoyait pas dire à Angélique. Mais les jeux de miroir sont dangereux : ils ne reflètent pas toujours ce qu'on en attend. La femme-miroir est supposée renvoyer, par son manque même, l'image délicieuse du supplément phallique ; par l'aveu de son défaut, elle procure à l'homme une *reconnaissance* unilatérale, d'Esclave à Maître, que n'avait pas prévue Hegel. Il faut donc venir parader devant la femme : c'est ce qu'a fait Alidor ; c'est ici ce que fait Rodrigue ; c'est ce que fera, en un paroxysme ultime, Horace exigeant de Camille l'adoration du « bras », tandis que « Procule porte en sa main les trois épées des Curiaces » :

33

> Ma sœur, voici le bras qui venge nos deux frères,
> Le bras qui rompt le cours de nos destins contraires,
> Qui nous rend maîtres d'Albe, enfin voici le bras
> Qui seul fait aujourd'hui le sort de deux États.

(IV, 5, 1251-1254).

Plus tard, il faudra de toute urgence *Montrer Héraclius au peuple qui l'attend,* leitmotiv d'une exhibition devenue impérieuse pour sauver l'ordre. Pourtant, la femme-miroir, le peuple femelle ne renvoient pas nécessairement l'image de gloire qu'on leur demande. Par une inversion ironique, au lieu qu'Angélique se regarde au miroir d'Alidor, il arrive qu'Alidor s'aperçoive au miroir d'Angélique.

Alors commence le cauchemar du mâle : ce qu'Alidor découvre en Angélique, Rodrigue en Chimène, c'est moins l'*objet* que le *reflet* de leur désir. Si toute libido, selon Freud, est phallique, toute passion, pour le héros cornélien, est féminine : l'amour est une *féminité contagieuse.* Négation de l'universalité abstraite du Système, elle attache, en dehors ou en dépit des lois, le désir à un objet singulier :

> Tout ce que je voyais me semblait Curiace ;
> Tout ce qu'on me disait me parlait de ses feux ;
> Tout ce que je disais l'assurait de mes vœux

(*Horace,* I, 2, 208-210).

C'est exactement la même expérience qui suscite l'épouvante d'Alidor :

> Mes pensers ne sauraient m'entretenir que d'elle ;
> Je sens de ses regards mes plaisirs se borner ;
> Mes pas d'autre côté ne sauraient se tourner.

(*Place Royale,* I, 4, 222-224).

Dans la scène qui nous occupe, Rodrigue éprouve cette sujétion spontanée à un être, sans lequel la vie ne vaut plus d'être vécue, même pour le roi et la Castille, et c'est bien pourquoi il cherche à mourir, il en prend le demi-risque, il en ressent de bout en bout la lancinante tentation. Autant dire que

34

ce désir de mort est l'autre face d'un furieux désir de vivre, d'une valorisation absolue du vital : dès lors, malgré les apparences en trompe-l'œil, malgré l'épée qu'il brandit comme un fétiche, *Rodrigue est passé de l'autre côté de l'héroïsme.* Il a changé de camp, parce que, essentiellement, il a changé de sexe. Le processus d'inversion sexuelle, que j'avais repéré et placé dans la phase de « déclin du Héros », au temps d'*Othon, Tite et Bérénice* ou *Pulchérie :* « si Corneille *masculinise* ses héroïnes, il ne manque pas d'*efféminer* aussi ses héros » (p. 355), voilà, contre toute attente, qu'il se déroule ici sous nos yeux. Aimer, c'est d'emblée, non au terme, mais à l'aurore de ce théâtre, *se féminiser.* Non point. encore une fois, que la femme soit l'*alter ego* de l'homme, cet « autre soi-même » qu'est Cléandre pour Alidor ou Curiace pour Horace ; elle en est l'*envers* ou le *dessous,* nous dirions aujourd'hui le refoulé. (« Il est permis de soupçonner que l'élément essentiel refoulé est toujours le féminin », Freud à Fliess ; 25/5/1897.) Cette attirance du féminin est d'un type particulier : en termes sartriens, la femme est la *viscosité* de l'homme, au sens où le visqueux est « une activité molle, baveuse et féminine d'aspiration »[8]. *O ma femme ! — Oh ! ma sœur ! — Courage ! Ils s'amollissent (Horace,* v. 663). Ce que la première rencontre de Chimène et de Rodrigue nous montre, ce n'est nullement le « triomphe » de Rodrigue sur Chimène, regretté par Nadal, approuvé jadis par moi, mais sa *défaite,* symétrique de celle de Chimène. Ou, si l'on veut, nous assistons à son *amollissement.* Rodrigue, caché, entend Chimène pleurer abondamment : « Pleurez, pleurez, mes yeux, et fondez-vous en eau ! » (III, 3, 800). Et l'on sait assez que, au cours de la pièce, Chimène est quasiment une pleureuse professionnelle : « Que tu vas me coûter de pleurs et de soupirs ! » (II, 3, 460) ; « Mes pleurs et mes soupirs vous diront mieux le reste » (II, 8, 670) ; « Je cherche le silence et la nuit pour pleurer » (III, 4, 1000) ; etc. On sait aussi que les larmes sont toujours, chez Corneille, le signifiant féminin

8. *L'Être et le Néant,* Paris, Gallimard, « Bibliothèque des Idées », 1943, p. 700.

ultime : Sabine n'arrêtera pas d'en verser, Camille dira à Horace : « Recevez donc mes pleurs… » Or, il est pour le moins curieux de voir Rodrigue placer d'emblée son intrusion nocturne sous le signe du *lacrymal,* fût-il métaphorique :

> — Rodrigue, qu'as-tu fait ? où viens-tu, misérable ?
> — Suivre le triste cours de mon sort *déplorable.*

(III, 1, 742-743).

Il récidive avec Chimène :

> Je fais ce que tu veux, mais sans quitter l'envie
> De finir par tes mains ma *déplorable vie.*

(III, 4, 871-872).

Naturellement, l'offre de l'épée et la longue tirade autojustificatrice font office de « protestation mâle » : conduite apotropaïque, destinée à exorciser la fascination des pleurs, à rassurer le raidissement viril. En insistant sur la légitimité de son *action* (« Je le ferais encor, si j'avais à le faire » v. 880 ; « J'ai fait ce que j'ai dû, je fais ce que je dois », v. 902), Rodrigue cherche à se dissimuler sa *passion,* au sens cartésien, c'est-à-dire sa chute dans la *passivité.* Son épée, nous l'avons vu, ne sert plus à rien ; il ne voit aucune issue à son impasse, *contrairement à sa situation lors des Stances;* bref, en fait de passe d'armes, il n'envisage que de passer l'arme à gauche. « Mourir après lui », c'est aussi ce que projette Chimène, après l'avoir poursuivi (v. 850). Le fer-phallus disqualifié, une curieuse symétrie s'établit entre les protagonistes. S'il est vrai que Rodrigue arrache à Chimène le fameux aveu : « Va, je ne te hais point. — Tu le dois. — *Je ne puis* » (v. 965), c'est-à-dire un aveu *d'impuissance* (à contenir l'appel de l'Éros, face aux exigences culturelles de répression), la même *impuissance* se fait peu à peu jour dans le discours de Rodrigue. Il commence, en effet, par demander à Chimène de le tuer, en vertu du Système de l'« honneur » et de la « vengeance » :

> Assurez-vous l'honneur de m'empêcher de vivre…
> N'épargnez point mon sang : goûtez sans résistance
> La douceur de ma perte et de votre vengeance.

(III, 4, 852, 855-856).

Et nous avons vu qu'il était, sur ce point, parfaitement de mauvaise foi. Devant son échec, et la faillite de cette longue rationalisation qu'est sa tirade, à l'obtenir l'effet escompté, la vraie raison de sa demande à Chimène apparaît au terme de l'entrevue :

> Punis-moi par vengeance, ou du moins par pitié.
>
> (III, 4, 962).

Or, cette pitié, qu'à présent il quémande de la fille, il l'avait hautainement rejetée, comme « indigne », de la part du père :

> D'une indigne pitié ton audace est suivie :
> Qui m'ose ôter l'honneur craint de m'ôter la vie ?
>
> (II, 2, 436-437).

Crainte de la privation, *pitié* sollicitée par la souffrance, on trouve le même écho, encore plus vibrant, chez Curiace :

> Mon cœur s'en effarouche et j'en frémis d'horreur ;
> J'ai pitié de moi-même, et jette un œil d'envie
> Sur ceux dont notre guerre a consumé la vie.
>
> (*Horace*, II, 3, 474-475).

Cette attitude, Horace la désigne spécifiquement comme *féminine* :

> Et puisque vous trouvez plus de charme à la plainte,
> En toute liberté goûtez un bien si doux ;
> Voici venir ma sœur pour se plaindre avec vous.
>
> (*Horace*, 508-510).

Le langage de la plainte est bien celui de Chimène, dès l'instant où elle aperçoit Rodrigue :

> — Hélas !
>   — Ecoute-moi !
>   — Je me meurs.
>   — Un moment.

— Va, laisse-moi mourir.

(III, 4, 857-858).

Or, à la fin de cette rencontre dont il est censé sortir vainqueur, c'est Rodrigue qui parle le langage de l'irrésolution alanguie, Chimène celui de la fermeté apparente :

— Que je meure
            — Va-t'en.
                        — A quoi te résous-tu ?
— Malgré des feux si beaux, qui troublent ma colère,
Je ferai mon possible à bien venger mon père.

(v. 982-498).

Et la rigoureuse symétrie du signifiant dans le duo élégiaque qui s'ensuit prime les nuances différentes du signifié et établit la réciprocité des amants, impossible sur le plan masculin de l' « honneur » et enfin réalisée, négativement, dans leur commune féminité :

— O miracle d'amour !
                        — O comble de misères !
— Rodrigue, qui l'eût cru ?
                        — Chimène, qui l'eût dit ?
— Ah ! mortelles douleurs !
                        — Ah ! regrets superflus !
— Va-t'en, encore un coup que je t'écoute plus.
— Adieu : je vais traîner une mourante vie

(III, 4, *passim*).

Non point victoire de Rodrigue, mais match nul. Je dirais plutôt : victoire ici de Chimène, dans la mesure où son geste de renvoi (« Va-t'en ») lui donne le dernier mot.

La radicale féminisation de Rodrigue correspond, *mutatis mutandis*, à l'incroyable fuite d'Alidor (« Alidor s'échappe, et Angélique le veut suivre, mais Doraste l'arrête », *la Place Royale*, IV, 6) devant les hommes armés. Ce qui est relâchement chez l'un dégénère en lâcheté chez l'autre. Mais il s'agit bien, fondamentalement, de la même démission. Le premier

38

mot de Rodrigue devant son père retrouvé sera l'« *hélas!* »
(v. 1028), qui fut le premier mot de Chimène devant lui
(v. 857). Rodrigue est toujours coincé dans la même impossibilité de vivre et d'agir, en proie à la même impuissance :

> Et ne pouvant quitter ni posséder Chimène,
> Le trépas que je cherche est ma plus douce peine.
>
> (III, 6, 1071-1072).

On ne saurait mieux dire que le détenteur du phallus est
saisi ici en flagrant état de manque. Don Diègue survient à
point :

> Il n'est pas temps encor de chercher le trépas :
> Ton prince et ton pays ont besoin de ton bras.
>
> (III, 6, v. 1073-1074).

Si le fils a rendu l'honneur au père, voilà donc *in extremis* le
père qui *revirilise le fils,* remet son « bras » en service actif et
replace, au bout de ce bras, le glaive du chef de guerre. On
connaît les Mores et le reste : Rodrigue sera non seulement
arraché à sa pulsion de mort, mais sa pulsion de vie sera
comblée. Chimène, qu'il considérait déjà comme son « bien »
(v. 1050), devient sa « conquête » (v. 1781), « le prix de sa
victoire » (v. 1818), bref, il l'a « gagnée » (v. 1814). La femme-
trophée réintègre le circuit des échanges masculins, dans la
mesure où Rodrigue, désintoxiqué de la contagion féminine,
avait lui-même rejoint le circuit des échanges guerriers : son
bras à la place de celui du Comte, Chimène à sa place dans un
mariage, à peine différé d'un an, auquel son désir autant que
son destin la vouent. Tout est donc pour le mieux dans le
meilleur des mondes patriarcaux possibles. La tragédie, advenue lors de la première rencontre entre Rodrigue et Chimène,
est déjouée et dénouée, et la pièce peut tranquillement retourner à la tragi-comédie. A cet égard, la seconde « rencontre »,
à la scène 1 de l'acte V, n'est en rien la suite et la continuation
de la première, comme je l'ai cru jadis. Intervenant après les
scènes 4 et 5 de l'acte IV, où Chimène est déjà devenue un

personnage de la *comédie* montée par le Roi et don Diègue pour lui faire avouer son amour en annonçant la fausse mort de Rodrigue, la scène 1 de l'acte V est aussi une comédie que joue Rodrigue sur le même canevas, en annonçant à son tour sa fausse mort : la faiblesse est ici mimée (« Vous demandez ma mort, j'en accepte l'arrêt », v. 1495) ; la posture féminisante (« Je vais lui présenter mon estomac ouvert », v. 1502) est une pure et simple imposture, de la part de celui qui a déjà été intronisé le Cid-caïd. La seconde rencontre entre Rodrigue et Chimène n'est pas la réplique de la première ou son parachèvement : elle en est la *revanche*.

Donc tout est pour le mieux dans le meilleur des mondes patriarcaux. Soit. Mais quand même, à la scène 4 de l'acte III, nous l'avons échappé belle. Si la « crainte » et la « pitié » ressentis par le personnage masculin en font un personnage *féminin,* elles désignent aussi le moment d'affleurement du *tragique.* Acteurs et spectateurs communient donc ici *di 'éléou kai phobou,* selon les termes d'Aristote. Le « frémissement », la « pitié », suspendus a la « curiosité », dont Corneille parlait, surgissent ainsi très exactement selon le canon défini par la *Poétique* : lors d'une *péripétie,* coup de théâtre, *ê eis to énantion tôn prattoménôn métabolê,* « le renversement des actions dans leur contraire » (venu montrer qu'il se met au-dessus de la vie par l'affrontement de la mort, Rodrigue se montre en fait prisonnier de son attachement sensible). C'est alors le lieu d'une anagnorisis, d'une reconnaissance (celle, par Rodrigue et Chimène, du primat de l'amour, c'est-à-dire de la faiblesse). Il ne manque pas même le troisième élément répertorié par Aristote, *triton dé pathos,* qu'une traduction récente[9] rend par « effet violent », que produit certainement le dégainement de l'épée. Le scandale, sous forme de titillation ou de dénonciation, qui a accompagné ici l'épiphanie du tragique, tient bien à la transgression des « bienséances » : Corneille a touché au *sexuel* en tant qu'il régit le *symbolique.* Et ce qu'il nous

---

9. *Poétique,* Paris, Ed. du Seuil, 1980, p. 73. Texte, traduction, notes par Roselyne Dupont-Roc et Jean Lallot.

montre du sexuel, c'est justement ce qu'Aristote révèle comme loi de la structure tragique, qu'il s'agisse de « péripétie » ou de « reconnaissance » : le retournement inopiné dans le contraire. L'être humain est cet animal du récit de Théramène : *monstrueux* d'être bisexué, pris entre deux sexes qui ne sont pas complémentaires, mais opposés. Animal hystérique, tiraillé, comme la femme folle de son corps dont parlait Freud, entre une main droite qui couvrait sa poitrine de son vêtement comme une femme et une main gauche qui voulait la découvrir comme un homme. Mais la déchirure rétablit la symétrie, il y a réciprocité dans la division : tel est le tragique. Aucune différence fondamentale entre Rodrigue et Chimène, que celle, factice, du trait phallique. Mais, sous le primat du phallus, telle serait l'ultime leçon de notre scène, l'homme n'est pas plus que la femme subsumable, il n'y est, lui non plus, « pas tout » réductible. Il faudra le forcer à s'y réduire : don Diègue, le roi, à travers eux, le Système, c'est-à-dire la forme historiquement datée d'une civilisation, ou encore d'une répression, feront leur office. C'est seulement par leur rigoureuse médiation, et non en vertu de je ne sais quelle « générosité » de nature dont il fut de mode de doter le héros cornélien, que Rodrigue redeviendra copie phallique conforme, voire même sera promu au rang de Phallus-Totem. Le « nœud » tragique sera moins dénoué que dénudé, et au prix fort : en démasquant, le temps d'une « rencontre », une nécessaire et impossible castration, en dévoilant cette vérité, en effet, « monstrueuse », que la pulsion d'Eros est aussi impuissante à s'accomplir dans les rôles symboliques qu'on lui assigne qu'à s'y soustraire ; bref, il y a incapacité foncière et scandaleuse à sublimer selon la loi, demande de jouir contre toutes les règles, y compris celles de la tragédie. Cette férocité de la culture, que Corneille du même geste découvre et recouvre et qui fait frémir Scudéry, donnera encore bien du souci à Freud.

Corps du texte / texte du corps*

Je vous ferai un aveu pénible, mais sincère : je n'ai vraiment rien d'autre à dire sur Proust que ce que j'ai publié en 1974 dans *la Place de la madeleine* et dans un post-scriptum, accueilli par la revue *Poétique* en 1979, sur le curieux euphémisme de Swann : « Faire catleya. » Depuis, je n'ai guère eu l'occasion de me replonger en cette immense matière proustienne. Les chemins de l'écriture m'ont, d'ailleurs, quelque peu éloigné de la critique et conduit du côté de la fiction. Je me permettrai donc, puisqu'on m'a fait l'honneur de m'inviter à ce colloque, de m'exprimer ici moins en théoricien qu'en praticien de la chose littéraire. J'aimerais me laisser guider par ce qui, du texte proustien, en son abord immédiat, dans son effet de lecture le plus direct, hors exégèse, sollicite et interroge en moi cette étrange expérience : le désir et le plaisir de se laisser aller à écrire un texte dit romanesque, et que je préférerais, pour ma part, appeler poétique, au sens le plus large. Car c'est bien cette « poièsis », cette créativité propre du langage, que rencontre

* Colloque « Proust », New York University, 1982. Repris dans *Cahiers Marcel Proust,* automne 1987.

tout projet littéraire, que celui-ci doit affronter et capter, faute de quoi il est voué irrémédiablement à l'échec. Il m'est arrivé récemment, à plusieurs reprises, eu égard aux infatigables progrès de la technique, qu'on me demande si j'avais besoin d'un *word processor,* d'une machine à traitement de texte, pour mon travail. Et, à chaque fois, la réponse qui m'est aussitôt venue à l'esprit, sinon aux lèvres, était : « la machine à traitement de texte, le *word processor,* c'est moi ». Je ne vois pas de définition plus précise ni plus rigoureuse du travail de l'écrivain. Et sans doute ne faisais-je que traduire, à mon insu, en jargon moderne, ce que disait La Bruyère : « C'est un métier que de faire un livre, comme de faire une pendule. » La machinerie littéraire est, toutefois, non pas plus complexe que celle de l'horlogerie, mais d'une autre sorte, dans la mesure où ses mouvements supposent un autre moteur, une autre énergie que la mécanique : je ne dirai pas avec Bergson la spirituelle, mais simplement la *subjective.* Comment fonctionne cette insolite machine à traiter le texte, qui inscrit cette entité singulière, un *sujet,* en son principe ? Comment se déclenche ou s'enclenche le processus fabricateur ? Qu'est-ce qui met l'écriture poétique en *branle,* pour employer le terme proustien si juste (« le branle étant donné à ma mémoire », I, 8-9) ? Ce n'est point là un problème métaphysique insoluble ; ou, s'il l'est sur le plan théorique, il faut bien le résoudre, à chaud et dans l'immédiat, sur le plan pratique, et cela, à chaque fois que l'écrivain, bien ou mal, *commence* à écrire. La question de principe est donc, en fait, tranchée par le geste inaugural.

Et là, je vais vous faire un autre aveu (je suis un spécialiste de l'aveu), tout aussi pénible et non moins sincère que le premier : c'est pour moi une expérience angoissante que de commencer un roman, très exactement, que de mettre les premiers mots sur le papier. Déjà en 1970, à un autre colloque (Toronto, cette fois) et dans une autre communication sur Proust, je m'étais penché, avec sollicitude et inquiétude, sur la « générativité de la phrase », sur l'immense pouvoir d'irradiation d'un énoncé si simple et si banal en apparence : « Longtemps, je me suis couché de bonne heure. » Et je faisais déjà

44

alors ces réflexions, que l'on me permettra de reproduire afin de mieux situer mon propos aujourd'hui : « pesanteur terrible de la première phrase ; sentiment angoissant que les dés sont jetés, qu'elle va entraîner obligatoirement la suite du récit, qu'elle est irrattrapable ; une erreur de direction, et c'est la dérive ; le bon coup de barre, et un mystérieux courant vous porte. Bien entendu, les rectifications sont possibles, et sans doute nécessaires (voir les variantes, dont l'étude est passionnante). Mais si le début est un faux début, le texte entier fait fausse route. Les remaniements locaux sont en pure perte, le livre est à recommencer. » (*la Place de la Madeleine,* p. 193). Cette expérience personnelle, j'avais essayé de la comprendre sur un exemple illustre et, si j'ose dire, par Proust interposé. Je voudrais à présent, dans le même esprit, poursuivre la même quête au-delà de la première phrase, mais pas tellement plus loin, à vrai dire, si l'on admet cette proposition de M. de Lapalisse, que le problème du commencement se trouve toujours au début et que le « branle » est donné au départ. J'aimerais donc examiner ici de près ce que Scott-Moncrieff a pris l'heureuse liberté de sous-titrer l' « ouverture » de la *Recherche* (édition — provisoire — de la Pléiade, p. 3 à 9).

Cette ouverture, inutile de le dire, a déjà fait l'objet d'innombrables commentaires, que je n'ai pas l'intention de recenser ici. Et ce qui a frappé, à juste titre, la plupart des critiques, c'est que, dès les premiers mots, dès les premières pages, le destin littéraire de la *Recherche* était joué, en quelque sorte ; un changement radical s'était produit, un seuil nouveau était franchi, par rapport à *Jean Santeuil ;* des passages, des épisodes, des thèmes quasi identiques dans les deux œuvres étaient désormais séparés par une frontière fluide et infranchissable : la qualité inédite d'une *écriture,* difficile à définir et, pourtant, immédiatement, immanquablement perceptible. « Que se produit-il ici, qui ne s'était encore produit ? Qu'y a-t-il là, qui n'était nulle part ailleurs, par quoi les thèmes, les structures, les moyens du récit reçoivent l'individualité et la puissance qu'ils ne possèdent pas d'eux-mêmes ? » A cette question préjudicielle qu'il pose dans *Lecture de Proust* (p. 22),

Gaëtan Picon répond en évoquant une nouvelle « voix » proustienne, « le long, le doux, le prenant chant proustien, qui monte d'une grouillante pénombre », puis en alléguant, avec plus de précision et moins de lyrisme, les vertus particulières de la « substitution du *je* au *il* » : pluralité des instances subsumées sous *je* (héros, observateur, rêveur, commentateur, etc.), complexité des rapports du narrateur avec ses positions dans le temps, qui lui permettent, à la limite, « de faire du présent le moment d'un avenir passé » (p. 33), « l'instant d'une vie posthume ». « En fait, le *je* proustien est un *je impersonnel* » (p. 29). Ces remarques, au demeurant fort justes, éclairent bien les possibilités inédites ainsi ouvertes au discours narratif par une structuration nouvelle ; elles ne permettent pas, à mon sens, d'en saisir le « branle », le moteur intime, ce que Picon indique fort bien : « si le langage est supporté par l'expérience, il ne peut la capter que selon son propre mouvement ». (p. 26) Quel serait ici le « mouvement » de l'écriture proustienne ? Comment l'appréhender, à plus forte raison, le définir ? Le « commencement » n'a rien d'un essai, d'une esquisse : tout est donné d'un seul et même coup. La formidable machinerie textuelle est d'emblée opératoire, sous forme miniaturisée. Interférences temporelles, déconstruction des perspectives, et patiente poursuite, inlassable recomposition du moi contre la dispersion de l'être, la double postulation de la narration proustienne fonctionne déjà à plein dans ce vide initial. Tout ce qu'une excellente série de travaux nous a appris à reconnaître comme le « style » de Proust — rythme lent de la phrase, avec les éléments retardants, parenthèses, incises, ramifications, disjonctions, avec les moyens de liaison particuliers, les convergences de mots et d'images —, ces ressources stylistiques sont déjà déployées, employées au grand complet. Si bien que l' « ouverture » semble nous faire assister à la naissance tout armée de la *Recherche* du cerveau de Jupiter-Proust. Et la démarche critique paraît aboutir à ce simple constat : le mystère en pleine lumière, — ce qui, on l'avouera, est pour le moins paradoxal, s'agissant d'un texte tout entier consacré au clair-obscur, au jeu de l'éveil et des ténèbres.

Cette *obscurité,* qui baigne le début de la *Recherche* et où celle-ci se nourrit, peut-être faut-il moins tenter de la dissiper que d'y descendre, peut-être vaut-il mieux l'interroger que de prétendre l'expliquer. Peut-être l'explication elle-même y est-elle déjà impliquée. Notons que ce qui est « obscur », dans l'ouverture, ce n'est pas d'abord son thème, c'est sa *fonction* : l'exorde ici n'est pas un avant-propos qui éclaire la suite (tableau de la vie de cour, avant l'apparition de Mlle de Chartres dans *la Princesse de Clèves*) ou même une procédure de focalisation du récit (salle de classe où « *nous* » voit entrer Charles Bovary). Si focalisation il y a, elle est de nature particulière : à aucun moment, les trois mille pages à venir ne sauraient déborder l'espace scriptural ainsi ouvert ; elles y sont, au contraire, inscrites, contenues, enfermées d'avance. Il est bon de rappeler que la fameuse scène de la madeleine, qui m'a fasciné en son temps et dont on admet généralement, avec le Narrateur, qu' « est sorti » Combray — et le reste de la *Recherche* — (I, 48), est en fait elle-même *incluse* dans la série des nuits blanches ou grises, pendant lesquelles les ruminations de l'insomnie déclenchent l'afflux des souvenirs : « C'est ainsi que je restais souvent jusqu'au matin à songer au temps de Combray, à mes tristes soirées sans sommeil, à tant de jours aussi dont l'image m'avait été plus récemment rendue par la saveur — ce qu'on aurait appelé à Combray le "parfum" — d'une tasse de thé... » (I, 186). Ce n'est donc pas seulement tout l'espace-temps proustien, Combray, Balbec, Paris, Doncières, Venise, « les lieux, les personnes que j'y avais connues » (I, 9) que *produit* littéralement cet introït insomniaque, mais l'acte de la *production même,* allegorisé par l'épisode de la madeleine : remémoration de la remémoration, souvenir de la naissance du souvenir, l'ouverture insomniaque se donne ainsi comme un *terminus a quo* ultime, un point de départ absolu du récit, dont l'évolution ultérieure sera une immense involution, — une sorte de *hors-texte,* qui est en même temps une *matrice du texte.* Cette position paradoxale, voire intenable, rejette l'ouverture en une sorte de *no man's land,* une atopie ou utopie de l'écriture, pour reprendre des termes chers à Barthes. Enonciation originelle, vaguement situable par rapport à certains de ses énoncés (postérieure à l'expérience de la madeleine), mais, en fait irrepérable (comme la place exacte de la madeleine elle-même) dans l'histoire qu'elle génère, l'ouverture dérobe le sujet de la *Recherche* dans l'acte même où elle le produit, le fait simultanément apparaître et disparaître et nous le rend insaisissable là où elle nous le donne à saisir. Certains critiques ont été sensibles à cette fausse position du texte, à ce que l'on pourrait appeler ses prétentions exorbitantes, qu'ils ont voulu réduire à leur juste mesure. Ainsi, Marcel Muller, dont *les Voix narratives* ont si exhaustivement étudié les diverses instances du *Je* proustien, voit, en ce Sujet insomniaque de l'ouverture, un Sujet intermédiaire, une « hypostase » momentanée du *Je :* il « n'est guère qu'un cadre, qui soutient le récit sans en faire concrètement partie. Le lecteur l'a vite oublié... » (p. 38). Il n'apparaît, d'ailleurs, en tout et pour tout, que trois fois dans la *Recherche :* cette remarque est, sur le plan narratologique où elle se situe, inattaquable. Mais l'on sait que l'importance ne dépend pas seulement de la fréquence ou de la prégnance ; l'occultation a aussi valeur fonctionnelle. Germaine Brée a, je crois, fort bien exprimé ce qu'a de décisif, pour la *tonalité* de l'œuvre entière, cet apparent hors-d'œuvre : « Ce narrateur lui-même se présente d'abord à nous enveloppé et pénétré d'obscurité... De ce premier départ dans la nuit, à la frontière du sommeil, le monde proustien gardera l'atmosphère irréelle, un peu inquiétante, sans cesse menacée, des jardins et des palais magiques qui surgissent dans les contes de fées ou les *Mille et une nuits...* » (*Du Temps perdu au Temps retrouvé,* p. 38). De fait, la première évocation de Combray, qui fait suite à l'ouverture, sera la fameuse « lanterne magique », au « vitrail vacillant et momentané » (I, 9) où paraît Golo, métaphore sans doute aussi de cet écran de la mémoire sur quoi se projette le souvenir, la pénombre du début faisant office de chambre obscure, elle-même invisible, mais condition de toute visibilité. L'obscurité ici n'est pas dissipable ; si on rallume, c'est le spectacle qui disparaît.

L'ouverture n'est donc pas un avant-propos, une introduction, un préambule, qui prendraient leur sens de la suite et qui s'effaceraient devant elle ou après elle ; c'est la suite, au contraire, qui reçoit son statut de ce début, indépassable, indélébile. Le commencement de la *Recherche* est recherche du commencement, il ne saurait faire partie de l'histoire qu'il raconte, puisqu'il est, comme tel, anhistorique ; tout récit des origines est un discours mythique. L'ouverture est le *mythe de naissance* du livre. La naissance est ici une renaissance, dont la nature est clairement indiquée : « métempsychose », « pensées d'une existence antérieure » (I, 3), c'est l'histoire d'une trans-mutation. Tous les « je » traversés et abolis (« je me suis couché », « je m'endors », « je voulais poser le volume », etc.), les instances discontinues du sujet physique, vigile, onirique, réflexif sont recueillies et métamorphosées sous nos yeux, ou plutôt sous ceux du rêveur, en *texte* : « j'étais moi-même ce dont parlait l'ouvrage ». Mais, du même coup, « le sujet du livre se détachait de moi » *(ibid.)*. Le désir du rêve est évident : il fait surgir, dès le début, sous forme hallucinatoire, ce « livre qui ne deviendra projet enfin réalisable qu'au terme du *Temps retrouvé*. Le mouvement de translation esquisse déjà, sur le mode imaginaire, le processus de « traduction » qui définira « le devoir et la tâche d'un écrivain » (III, 890), après l'illumination de la matinée Guermantes : « ce livre essentiel, le seul livre, un grand écrivain n'a pas, dans le sens courant, à l'inventer, puisqu'il existe déjà en chacun de nous, mais à le traduire » *(ibid.)*. Qui dit naissance dit séparation. A ce livre qui se détache de lui, le narrateur oppose son propre détachement : « j'étais libre de m'y appliquer ou non ». Mais cette belle sérénité cède aussitôt la place à l'étonnement (« j'étais bien étonné de trouver autour de moi une obscurité », reposante certes, pour les yeux et l'esprit, mais fondamentalement incompréhensible), puis à l'angoisse du « voyageur » esseulé dans sa chambre d'hôtel et qui devra « rester toute la nuit à souffrir sans remède » (I, 4). Curieusement, à peine rendormi au paragraphe suivant, le narrateur retrouve « telle de mes terreurs enfantines comme celle que mon grand-oncle me tirât par mes boucles et qu'avait dissipée le jour — date pour moi d'une ère nouvelle — où on les avait coupées » *(ibid.)*. Mettre en scène une naissance, c'est mettre nécessairement en jeu les identifications sexuelles. La protestation virile est ici appuyée, *trop* sans doute : cet affrontement joyeux de la castration, à valeur proprement initiatique, qui inaugure une ère nouvelle, laisse pendante la question (terrifiante) : qu'était donc ce petit garçon (dont la Dame en rose disait : « Comme il ressemble à sa mère ! » I, 76), avant la coupe/coupure : une petite fille ? A cet *Angsttraum,* qui vire au cauchemar, puisque le rêveur doit s'éveiller « pour échapper aux mains de mon grand-oncle », succède immédiatement une séquence onirique *rassurante :* « Quelquefois, comme Eve naquit d'une côte d'Adam, une femme naissait pendant mon sommeil d'une fausse position de ma cuisse. Formée du plaisir que j'étais sur le point de goûter, je m'imaginais que c'était elle qui me l'offrait » (I, 4). Voilà enfin une bonne « naissance » : le *non-moi,* c'est donc *moi* qui l'ai produit, il rentre en moi et tout rentre dans l'ordre, y compris le *féminin dans le masculin.* Le rêve est ici habité par un fantasme inconscient qui le structure : ravir à la féminité, ressentie à la fois comme désirable (« j'allais tout entier me donner à ce but : la retrouver », I, 5) et écrasante (« ma joue était chaude encore de son baiser, mon corps courbaturé par le poids de sa taille », *ibid.*), le privilège exorbitant de la mise au monde. A descendre d'un premier degré en cette « obscurité » où baigne l'ouverture, la productivité textuelle mime et subvertit la reproduction sexuelle : les évocations décousues, les associations arbitraires de la surface narrative sont, en fait, articulées par le discours sous-jacent du fantasme autoféconda-teur, en tant que celui-ci met en jeu les identifications sexuelles du sujet. Cette dynamique conflictuelle, Proust la situe d'emblée et d'instinct là où elle est le plus visiblement manifeste, — dans cette visibilité trouble et glauque du rêve profond ou des images hypnagogiques, dont le papillotement fait la teneur singulière de ce curieux prologue. Les motions pulsionnelles qui donnent ici le « branle » à la *Recherche* parcourent la totalité de l'œuvre, où le désir de l'écrivain de devenir sa propre mère, pour s'enfanter lui-même dans le langage, est de plus en plus lisible, ainsi que j'ai essayé de le montrer dans *la Place de la madeleine* (p. 126 sq.). Après ingestion et digestion de l'Autre, la genèse idéale est la parthénogenèse, plus exactement, cette « autofécondation » qui fascine, chez Proust, le sexologue et l'écrivain : « Ainsi un acte exceptionnel d'autofécondation vient à point nommé... j'avais déjà tiré de la ruse apparente des fleurs une conséquence sur toute une partie inconsciente de l'œuvre littéraire » (II, 603). Cette « partie inconsciente », dont Proust est parfaitement conscient, ne fait pas seulement référence au discours du fantasme ou du mythe, au sens freudien ; peut-être faut-il nous souvenir que tout mythe, selon Lévi-Strauss, a pour but de voiler une contradiction, d'énoncer un impossible unité : *naît-on d'un seul ou bien de deux ? le même naît-il du même, ou de l'autre ?* La structure œdipienne, au sens lévi-straussien, est ici évidente : comment faire rejoindre « le côté de chez Swann » et le « côté Guermantes », surgis dans le tournoiement des chambres évoquées, décloisonner en soi le pôle masculin et le pôle féminin, dont la réunion doit seule permettre, à la fin du *Temps retrouvé,* l'avènement du livre jusque-là introuvable ? A un niveau plus essentiel encore, comment est possible cette étrange « métempsychose » du texte proustien, par laquelle « j'étais moi-même ce dont parlait l'ouvrage », et ce moi, c'est un pur non-moi, « une église, un quattuor, la rivalité de François Ier et de Charles Quint » (I, 3) ? La contradiction ainsi énoncée et voilée est celle du texte autobiographique, de son statut même, étrange entreprise d'un sujet (personnel) pour se récupérer, en son essence, par un langage (forcément impersonnel) : « rien ne peut durer qu'en devenant général » (III, 905). Cette contradiction, Proust va, dès le début, l'installer, sans jamais la lever, dans l'ambïguité absolue du *Je* de la *Recherche,* à tout jamais lui et jamais lui.

Mon intention n'est pas ici d'ajouter un commentaire de plus à un « topos » proustien déjà surcommenté, le fameux « jeu du Je », devenu depuis longtemps un pont-aux-ânes de la critique. Ce qui m'intéresse, dans la perspective de cette étude (quel est le pouvoir génératif du langage ? quel dynamisme lance et propulse un texte ?), c'est ce qui, des virtualités signifiantes de la langue, sollicite, retient, accroche l'attention, il vaudrait mieux dire, le *désir* de l'écrivain. Depuis Freud et *le Mot d'esprit,* on connaît « les sources primitives du plaisir verbal », innocentes ou tendancieuses, qui renvoient à un rapport enfantin au monde et au langage. Plus récemment, la psychanalyse d'inspiration lacanienne s'est ingéniée à dépister l'inscription de la jouissance inconsciente dans les jeux phonématiques les plus élémentaires. Mais, sans les lumières de la théorie, quiconque a tant soit peu pratiqué l'écriture littéraire sait d'expérience immédiate ce que Sartre rappelle dans « L'écrivain et sa langue » (*Situations,* IX, p. 53) : « Il faut aimer écrire un mot pour avoir vraiment envie d'écrire comme un écrivain... » « Je me suis couché », « je m'endors », « je voulais poser le volume », « je croyais avoir encore », « je n'avais pas cessé », *je-je-je :* cette litanie pronominale, inlassablement ressassée, indique dans le discours le lieu d'une jouissance indicible, première : celle qui le fait advenir. La grammaire offre ici un signifiant ambigu et pervers : le signe d'émergence du sujet dans son langage, et, par là, la référence la plus intime à son être (« *je* est l'individu qui énonce la présente instance de discours », dit Benveniste) est en même temps une forme symbolique parfaitement vide de toute désignation, un pur embrayeur du discours qui en distribue abstraitement les pôles. Proust aime *je* d'un amour tyrannique, obsessionnel ; le premier mot de la *Recherche* en est aussi le dernier mot — et le premier moteur. L'obscurité ultime où baigne l'ouverture, en deçà de la scène fantasmatique, plus profondément encore, nous fait accéder à cette zone érogène diffuse, à cette ténèbre primitive où les pulsions du sujet se nouent au langage, s'accrochent aux phonèmes et aux léxèmes, investissent la matérialité signifiante. *Je* est l'articulation de la langue qui la transforme en discours et fait surgir la personne ; mais cette personne n'est personne et le sujet du discours se dissout à nouveau dans la langue. Le fonctionnement grammatical lui-même *allégorise,* en quelque sorte, l'immense quête proustienne, celle de ce *moi* en déperdition dans le temps, en dissolution dans l'être, sans cesse remémoré, remembré, retiré de son néant par l'acte de profération même. Si, selon le vœu de Mallarmé, l'écrivain doit « céder l'initiative aux mots », on peut dire que, dès l'ouverture, Proust cède l'initiative à *je,* laisse se rejouer en cette articulation pronominale de la langue la naissance du discours, l'épiphanie dramatique du sujet : apparition/disparition, surgissement/évanouissement, symbolisés ici par le battement des sommeils et des éveils. L'ouverture est ainsi rythmée par les deux temps de ce *fort/da,* balbutiement par lequel le petit-fils de Freud s'exerçait à maîtriser son angoisse face aux absences et présences successives de sa mère et dans lequel, selon le grand-père, s'origine la pratique humaine du langage. Dieu sait si, du baiser de maman à ceux d'Albertine, en passant par le premier séjour avec la grand-mère à Balbec, on en aura de ces *fort/da...* On peut même dire que, dans une certaine mesure, l' « ouverture » et la « madeleine » fonctionnent en miroir comme la diastole et la systole de la production textuelle, la première accentuant le *fort,* la seconde le *da,* ce double rythme étant assumé et vécu dans les jeux de *je.* Le pari et le génie de l'écrivain sont ici d'avoir, si l'on peut dire, philosophiquement, visionnairement *saturé* une fonction grammaticale, d'avoir épousé et épuisé, en un effort pathétique pour fonder le *je-ici-maintenant,* les possibilités et les apories de la « déixis ». En deçà de la complexité proliférante des énoncés, tout se passe comme si l'énonciation, butée sur sa jouissance, revenait sans cesse à certains termes, obéissait à un parcours obligé par certains points du désir, formant ainsi peu à peu une trame signifiante propre à travers les réseaux multiples du texte et propulsant celui-ci avec une énergie sans rapport direct avec le message manifeste.

J'aimerais poursuivre cette hypothèse de lecture (fondée sur ma propre expérience de l'écriture littéraire), au-delà de ces remarques, sans doute hasardeuses, sur ce *primum mobile* de la *Recherche* que serait *Je,* et la conforter par l'examen de la suite de l'ouverture et de la chaîne signifiante particulière qu'elle nous offre. Il y a, d'abord, prolifération des signifiants de la veille et du sommeil (se coucher, s'endormir, s'éveiller, rêver, etc.), ce qui n'appelle aucun commentaire spécial, puisqu'ils sont naturellement exigés par leur thématique explicite. Un détail stylistique, pourtant, nous arrête : la nuit du réveil est définie comme « une obscurité, douce et reposante pour mes yeux, mais peut-être plus encore pour mon esprit, à qui elle apparaissait comme une chose sans cause, incompréhensible, comme une chose vraiment obscure » (I, 3). Si « chose » et « cause » sont déjà des doublets du même mot latin, « causa », on pourrait s'étonner à bon droit que l'*obscure* soit spécifié *per obscurius*. L'obscurité se donnant comme « vraiment obscure », est-ce lourdeur, maladresse, ou pivot essentiel, cheville ouvrière pour une nouvelle écriture, en rupture avec le « style » ? Ce qu'on pourrait appeler une écriture de l'*insistance* fait son apparition dans le prologue : à travers le sifflement des trains, surgit dès la première page « le *voyageur* qui se hâte vers la station prochaine » (I, 3). Onze lignes plus loin : « C'est l'instant où le malade qui a été obligé de partir en *voyage*... » (I, 4). Page 5 : « comme ceux qui partent en *voyage*... » ; « le fauteuil magique le fera *voyager*... ». Par cette répétition curieuse dans des énoncés de contexte différent, l'ouverture de la *Recherche* semble d'avance désigner celle-ci comme un « voyage au bout de la nuit ». Qui a bien lu Céline, d'ailleurs, sait que Céline avait bien lu Proust. Quel est le sens, la direction de ce « voyage » ? Celui de Céline était linéaire, dans le temps comme dans l'espace, traversant continents et épisodes comme autant d'étapes irréversibles vers la destination Néant. La linéarité du récit y était métaphore même de ce mouvement qui nous projette sans retour dans le vide vers rien, ce que l'on appelle d'ordinaire une « vie ». Au contraire, chez Proust, à peine posé le thème dominant du voyage, la direction en est aussitôt indiquée par une nouvelle réitération : le « voyageur » se hâte, certes, mais « en pensant à la douceur prochaine du *retour* » (I, 4). Au milieu de la même page : « le tout... à l'insensibilité duquel je *retournais* vite m'unir ». Plus bas encore : « avant de *retourner* dans le monde des rêves ». *Retourner,* sans quitter cette même page 4, semble appeler *retrouver* (ou sa variante *rejoindre*) : « j'avais *rejoint* sans effort un

54

âge à jamais révolu », « *retrouvé* telle de mes terreurs enfantines », « j'en *retrouvais* le souvenir ». A la page 5, si une femme apparaît en rêve, le narrateur n'aura plus qu'un seul souci : « la *retrouver* ». D'une façon générale, s'il peut se dire, en s'éveillant : « j'ignorais où je me trouvais, je ne savais même pas au premier moment qui j'étais » (I, 5), il ne saurait se trouver qu'en *se retrouvant,* par le souvenir, dans les lieux jadis habités. Le *retour* constitue très exactement des *retrouvailles* (à l'inverse du retour de l'anti-héros célinien à Paris, après la guerre et les aventures). Pourtant, rien de moins facile, de moins immédiat que cet itinéraire proustien ici esquissé : il ne s'agit nullement d'un simple aller-retour, mais d'un parcours *circulaire* diffus et fuyant : « Un homme qui dort tient *en cercle* autour de lui le fil des heures, l'ordre des années et des mondes » (I, 5) ; « tout *tournait* autour de moi dans l'obscurité, les choses, les pays, les années »(I, 6). Cette circularité n'est point appréhendée dans un sentiment d'euphorie, mais d'angoisse ; elle est vécue comme tournoiement, vertige : « ces évocations *tournoyantes* et confuses » (I, 7) ; « les murs invisibles... tourbillonnaient dans les ténèbres » (I, 6), brouillage sensoriel auquel l'évocation, à trois pages de distance, du « kaléidoscope » (I, 4) et du « kinétoscope » (I, 7) sert d'emblème, ou de modèle. Or, la solution, curieusement, est apportée par le problème ; perdu, étourdi, le sujet, « cherchant à deviner son orientation » (I, 6), s'assurera précisément la maîtrise de la circularité en épousant son mouvement : Combray, Balbec, Paris, Doncières, Venise, « ailleurs encore » (I, 9), le branle donné à la mémoire au terme des éveils fait littéralement le *tour* des lieux et des personnes connus du narrateur ; le tournis originel assumé devient la *tournée.* Voyage donc réussi, car, au bout du long périple dans les ténèbres, « les feux de la lampe, seul phare dans la nuit » (I, 7) guident le promeneur nocturne de Tansonville, là où le marcheur diurne de Combray, dans ses « retours les plus tardifs » (I, 7) n'était éclairé que par les « reflets rouges du couchant » : ainsi s'annonce la lumière, qu'en son ultime retour sur soi, jettera l'écrivain sur lui-même, cette clarté nocturne (« Si je travaillais, ce ne serait que la nuit », III, 1043) qui est celle de l'écriture comme de la lanterne magique, évoquée immédiatement après l'ouverture.

Il ne s'agit nullement ici d'une analyse thématique du contenu de l'ouverture, mais du repérage de ce que j'appellerais volontiers le *pouvoir d'induction, d'orientation,* pour employer le terme proustien (I, 6), que possèdent certains signifiants pour le sujet de l'écriture et qui organisent son texte, reconnaissables, dans le cas présent, à certaines aspérités ou nodosités de la texture. Cette répétition quasi obsédante et presque lassante de certains termes dans un espace restreint a de quoi retenir notre attention, s'agissant, au surplus, d'un écrivain dont la palette lexicale, si l'on peut dire, est l'une des plus riches du domaine français. Ce ressassement constitue, en effet, un manquement délibéré aux règles les mieux établies de la composition littéraire, dûment inculquées à tout lycéen jusqu'en un temps encore récent — le mien —, à savoir qu'il ne faut *jamais,* sous peine de lèse-langue-française, répéter deux fois le même mot sur la même page, à l'exception d' « être » ou « avoir ». J'avoue rester encore, pour ma part, sensible aux injonctions de ce sévère surmoi : « Il faut écrire clairement, élégamment, comme Voltaire... » On comprend que les premiers critiques aient été frappés, au contraire, par la lourdeur, la maladresse de l'écriture proustienne, par cette obscurité « vraiment obscure ». On se souvient de la remarque de Paul Souday à la parution de *Swann :* « les incorrections pullulent ». Paul Souday avait raison et soixante ans d'admiration obligée ne devraient pas nous le faire oublier. Si le style est, dans une des définitions qu'on en a donnée, écart par rapport à la norme, l'écriture proustienne, dès le départ, se marque par un écart résolu, vite devenu transgression, par rapport au (bon) style. C'est un fait : Proust écrit *mal,* et c'est ce mal-écrire, par contraste avec le bien-dire de ses critiques bien-pensants, qui constitue le moteur caché du texte. Céder l'initiative aux mots, certes, — mais alors, ne pas craindre de les laisser jouer entre eux, se nouer, se répéter, se redoubler, se faire écho sur la même page ou de page en page, au mépris des canons les mieux

établis de l'esthétique. *Je, tourne, tournoie, retourne, retrouve,*
Rimbaud disait : « de la pensée, accrochant la pensée et tirant »,
je dirai ici : « des mots, accrochant les mots, et tissant », —
voilà, à son principe, le *texte.* Ce raclement élémentaire de
phonèmes, tirant/tissant du sens, au petit bonheur de répéti-
tions inopinées, voilà ce qui lui donne corps (et âme). Ce qui
passe par cette « ouverture » n'est ni plus ni moins que toute
la *Recherche,* expérience du narrateur, bien sûr, mais structure
du livre aussi, qui n'en finit jamais de se retourner, de se lover
sur elle-même. Le projet total s'énonce et s'annonce en ces
tropismes conjoints de l'existence et de l'écriture, saisis à ras de
leur tâtonnement primitif. Nous assistons sans doute ici à ce
moment fondateur où tout écrivain (moderne), dans une
obscurité vraiment obscure, et qu'il serait vain de prétendre
dissiper, invente, à partir de la langue commune, de la
« koïnê », au besoin *contre elle,* son propre idiome : « Chaque
écrivain est obligé de se faire sa langue, comme chaque
violoniste est obligé de se faire son "son" » (lettre à Mme
Strauss, janvier 1908). *Son « son » :* cette cacophonie montre
assez que l'écriture n'est plus synonyme d'accord parfait,
qu'elle peut, qu'elle doit désormais admettre ou cultiver
disharmonie et discordance. La vertu d'un texte n'est plus sa
bienséance ; elle est ce pouvoir sauvage qui fait retour aux
premiers nœuds du sujet désirant et du langage, qui s'y
ressource, qui y articule son projet, quitte à désarticuler le
discours rituel de la littérature. La zone d'ombre, à laquelle
renvoie la mise en scène de la naissance textuelle, n'a rien
d'idyllique ; une décharge violemment agressive la traverse :
« Les seules personnes qui défendent la langue française
(comme l'Armée pendant l'affaire Dreyfus) ce sont celles qui
l' "attaquent". Cette idée qu'il y a une langue française en
dehors des écrivains et qu'on protège, est inouïe » (lettre à
Mme Strauss, *ibid.*). On ne saurait exprimer avec plus de force,
voire de brutalité, le désir d'appropriation, la pulsion d'emprise
de l'écrivain par rapport à sa langue (maternelle, bien sûr). La
composante sadique, que Freud croyait nécessaire à l'agent de
l'accouplement et à la reproduction sexuelle, n'est pas moins

nécessaire au sujet de l'écriture et à la production textuelle. Mais *je* a beau *tourner, retourner, détourner* ou *contourner,* en son immense périple à travers les mots, les dispositifs du langage, l'écrivain, pour se trouver ou s'y retrouver, *retrouve* obligatoirement la langue, qui fonde et porte de bout en bout son entreprise.

Je n'est pas sa propre origine ; l'Autre du langage le précède et se dérobe à lui, dans la mesure où il l'enrobe. Nous n'avons pas, dans cette quête de l'origine, encore atteint l'originaire. La mise en scène ou mise au monde de l'ouverture, nous ne l'avons pas encore lue d'assez près. Dans l'obscurité, nous ne sommes pas encore arrivés à la zone « vraiment obscure », que le texte désigne nommément. Il faut descendre en deçà du fantasme et de l'inconscient, en deçà du langage même, jusqu'au niveau de l'être qui les supporte, jusqu'au *fondement.* « Tout tournait autour de moi dans l'obscurité, les choses, les pays, les années. Mon *corps,* trop engourdi pour remuer, cherchait, d'après la forme de sa fatigue, à repérer la position de ses membres pour en induire la direction du mur... Sa mémoire, la mémoire de ses *côtes,* de ses genoux, de ses épaules, lui présentait successivement plusieurs chambres... » (I, 6). Au commencement des commencements n'est pas le Verbe, mais le *corps.* Ce qui « cherche », ce qui « induit », ce qui « repère », ce qui garde la « mémoire », c'est cette ténèbre sous-jacente à ma conscience, à mon inconscient, à mon langage et irréductible à eux : mon existence corporelle. L'insistance extrême du signifiant ne laisse ici aucun doute : toujours sur cette page 6, « lui, — mon *corps* —, se rappelait... le genre du lit, la place des portes... Mon *côté* ankylosé, cherchant à deviner son orientation, s'imaginait, par exemple, allongé face au mur... et aussitôt je me disais : « Tiens... » *(passim).* Le principe *chercheur, le moteur de la Recherche,* ce qui « oriente » ou « imagine », mieux encore, le *support du langage,* son *déclencheur* est notre être-au-monde physique. Le texte de Proust dépasse ici sans doute sa pensée, mais il est formel : du *corps,* d'abord morcelé, framgentaire comme les consciences tremblotantes des éveils, genoux, épaules, « la mémoire de ses *côtes* » se détache, se rattache à cette femme entr'aperçue à la page 4, née pendant le sommeil « comme Eve naquit d'une *côte* d'Adam » et les *côtes* se transforment finalement en *côtés :* « et mon *corps,* le côté sur lequel je reposais, gardiens fidèles d'un passé que mon esprit n'aurait jamais dû oublier, me rappelaient la flamme de la veilleuse de verre de Bohême... dans ma chambre à coucher de Combray... » (I, 6). *Corps-côtes-côtés,* celui de Swann et de Guermantes, impliqués par la référence à Mme de Saint-Loup qui suit aussitôt : c'est de cette matrice ultime que surgit, littéralement, le texte. Proust n'est pas Bergson ; la « mémoire » n'est pas enfouie dans les profondeurs d'un esprit, mais inscrite dans la matérialité, gustative et olfactive, d'une madeleine. La quête de l'identité, de l'ipséité, en un mot, la Recherche, malgré les tentations idéologiques de l'idéalisme, dont Proust n'est pas indemne, ne saurait renvoyer, au terme du parcours, qu'à un Temps enraciné dans le corps (« après la mort le temps se retire du corps », III, 1047), visible sur les squelettes qui paradent à la matinée Guermantes. La tâtonnante, tournoyante descente en soi du Sujet insomniaque de l'ouverture, qui ignore où il se trouve, qui ne sait qui il est, trouve ici son coup d'arrêt, au-delà duquel il ne saurait plus se « tirer du néant » du tout : « j'avais seulement dans sa simplicité première le sentiment de l'existence comme il peut frémir au fond d'un animal » (I, 5). Le fondement dernier, l'*Urgrund,* à partir duquel le sujet peut se recréer et s'écrire, est bien l'obscurité primitive, « vraiment obscure », de notre enracinement dans un corps propre, par où surgit notre être-dans-le-monde. A sa manière, la régression fondatrice du texte proustien nous fait traverser en marche arrière quarante ans d'idéologie contemporaine du sujet-constitué-dans-et-par-le-langage ; faisant sauter le verrou des diverses théorisations structuralistes, en particulier la lacanienne, elle renoue avec le discours sur l'être qu'est la phénoménologie. Ce n'est, certes, pas par hasard que M. Merleau-Ponty cite en note un long passage de l'ouverture, dans sa *Phénoménologie de la perception,* plus précisément dans son chapitre sur « Le corps comme expression et la parole », pour illustrer sa position ou proposition philosophique : « La fonction du corps dans la mémoire est cette même fonction de projection que nous avons déjà rencontrée dans l'initiation cinétique : le corps convertit en vocifération une certaine essence motrice, déploie en phénomènes sonores le style articulaire d'un mot, déploie en panorama du passé l'attitude ancienne qu'il reprend... » (p. 211). Il ne s'agit plus simplement, avec Freud, de reconnaître une frontière, de définir le territoire de la pulsion comme « un concept-limite entre le psychisme et le somatique » ; il s'agit de saisir le geste initial d'une assomption corporelle, qui seule donne *vie* au langage, l'anime et le déploie, le « met en branle », selon la parfaite expression proustienne. « Certes, j'étais bien éveillé maintenant, mon corps avait viré une dernière fois... » (I, 8). *Je-ici-maintenant* : la fonction déictique, soutenue par le langage, ne saurait se fonder en lui ; ce fondement est hors langage, en deçà et au-delà, dans un être-au-monde qui seul permet au sujet parlant de dire *je*. « Est ego qui dit ego », déclare Benvéniste en une brillante formule : mais la formule se retourne, et Proust la retourne sous nos yeux. Pour *dire, il faut être. La Recherche* commence à cet absolu commencement. Revenue à ses assises premières, ressourcée à cette nuit, l'écriture peut enfin prendre le bon départ. La naissance du livre, ainsi mimée devant nous, qu'est-ce d'autre que ce moment, délicieux et angoissant, où les mots vous « démangent », où on les a « sur le bout de la langue » ou « sur le bout du doigt », et par où le corps du texte assume et transmue le texte du corps ?

Autobiographie/vérité/psychanalyse*

« Le sot projet qu'il a eu de se peindre... » On connaît la fameuse et aigre remarque de Pascal sur Montaigne. Le projet de l'autobiographie moderne (ce projet est historique, on commence seulement peu à peu à en retracer l'histoire) consisterait moins à vouloir se peindre que *s'écrire,* en donnant à ce terme la charge de sens qu'il a pu prendre depuis Mallarmé. Certes, il s'agit bien, dans tous les cas, d'utiliser les ressources du langage à y mirer le sujet même du discours, à donner forme et empreinte individuelles au vide grammatical de l'embrayeur « je », de sorte qu'entre tous les « je » possibles, le pronom ne puisse plus, à la limite, dénoter qu'un seul nom propre. Je-Montaigne, Je-Rousseau. A cette fin, l'écrivain classique surimpose aussitôt le visible au lisible. « Je suis d'une taille médiocre, libre et bien proportionnée. J'ai le teint brun, mais assez uni... » Dans son célèbre autoportrait, La Rochefoucauld vient à lui-même d'emblée comme à une image : « je viens de me tâter et de me regarder dans le miroir pour savoir ce qui en

* Version écourtée parue dans *L'Esprit créateur,* « Autobiography in 20th-Century French Literature », automne 1980.

61

est ». Le voilà devant sa feuille, tel Rembrandt entre glace et chevalet. Comme on dit aussi en peinture, il s'agit bien d'une étude : « je me suis assez bien étudié pour me bien connaître ». L'aspect physique (c'est vrai aussi du non moins célèbre autoportrait de Mlle de Scudéry) est prioritaire : il délimite les assises du sujet, en fixe le profil spirituel, « qualités » et « défauts », à des contours aisément repérables ; il ancre le flou et le flux du mental dans une *Gestalt* précise et stable. *Je* n'est pas un autre, il est bien *moi*... La disparate, le clivage de deux ordres de réalité distincts sont atténués par des passages subtils d'un registre à l'autre, des correspondances inopinées : « comme un air sombre que j'ai dans le visage contribue à me faire paraître encore plus réservé que je ne le suis » (toujours La Rochefoucauld). Dans l'image de soi se réunissent *res extensa* et *res cogitans,* convergeant encore plus sûrement qu'en la glande pinéale de Descartes, au lieu même d'une écriture-miroir.

Puisqu'il écarte par principe toute complaisance (« je suis content qu'on ne me croie ni plus beau que je me fais, ni de meilleure humeur que je me dépeins, ni plus spirituel et plus raisonnable que je dirai que je le suis », *ibid.*), l'autoportrait classique, coupant court à la jouissance narcissique, n'a qu'une seule justification : sa fonction de *vérité*. « Jeu de la vérité », mondain, on le sait, à l'époque, ce qui suffit à en restreindre la portée. L'image que La Rochefoucauld se fait et nous donne de lui-même est d'ailleurs aussitôt contestée par le cardinal de Retz, en ses *Mémoires,* sur un point crucial, qui est le pivot de l'entreprise. Au « je me suis assez étudié pour me bien connaître » du premier s'oppose la déclaration péremptoire du second : « il eût beaucoup mieux fait de se connaître », tous les déboires de l'homme étant attribués à un défaut de connaissance, dont on voit mal comment l'entreprise de l'écrivain sortirait indemne. Dès l'origine classique, une faille incomblable sépare ce qu'on appellera, trois siècles plus tard, l'être-pour-soi du sujet de son être-pour-autrui. Méconnaissance où s'installe triomphalement la parole médisante de Célimène, redressant cruellement, dans la fameuse scène des « portraits » du *Misanthrope,* l'image déformée que tout un chacun a de soi-même. Médisance qui, non plus en société mais dans le cabinet à deux, sera celle de l'analyste, lequel, narcissisme céliménien en moins, on l'espère, dira du mal pour faire du bien.

Pascal a donc raison, et le projet de se peindre est sot, puisque, aussi bien, il est impossible, du fait que *ma* vérité, pour une large part, c'est l'*autre* qui la détient. Si ma vérité est le discours de l'Autre (ce qu'illustre encore une fois admirablement la scène des portraits du *Misanthrope*), comment tenir sur moi-même un discours de vérité ? Question incontournable, et que Rousseau aborde dès les premiers mots des *Confessions* : « Je veux montrer à mes semblables un homme dans toute la vérité de la nature ; et cet homme, ce sera moi. » Par une habileté perverse, le sujet du discours confessionnel garde la mainmise absolue sur *sa* vérité : unique (« Moi seul. »), il n'a de « semblables » qu'en apparence : « Je ne suis fait comme aucun de ceux que j'ai vus ; j'ose croire n'être fait comme aucun de ceux qui existent. » Le seul qui puisse dire vrai sur Rousseau est Rousseau. Cette pétition de principe radicale est au principe de toute autobiographie, ou mieux, autographie, au sens large, sans préjuger des voies du discours, portrait ou récit. Certitude à la fois parfaitement vaine (Pascal le savait, et le La Rochefoucauld de l' « amour-propre » plus que personne), pourtant indéracinable, consubstantielle, en quelque sorte, au projet de s'écrire. Ce projet, je n'ai pas l'intention ni la prétention d'en tracer l'histoire ; simplement, je le convoque en préambule, chez les grands ancêtres, pour tenter de situer, d'y situer, ce qui se passe aujourd'hui.

Ce n'est donc pas en historien, que je ne suis pas, mais en praticien de l'écriture autobiographique, qu'il m'arrive d'être, que j'aimerais apporter un témoignage et une réflexion. Dans l'immense déferlement de textes autobiographiques que connaît notre époque, la nature et la fonction de l'écriture établissent aussitôt une radicale distinction. D'un côté, le versant référentiel du langage produit une littérature documentaire. « Bien » ou « mal » écrits, voire écrits par d'autres, ces textes d'acteurs (de l'histoire, de la scène ou de l'écran) devenus auteurs, consignent, pour la délectation ou l'instruction du public, leurs faits et gestes. La communication écrite (elle pourrait être télévisée) est un simple moyen pour porter à la connaissance d'autrui la vérité d'une existence constituée et vécue ailleurs. A l'inverse, le pouvoir poétique du langage, selon la terminologie de Jakobson, constitue en soi le lieu de l'élaboration du sens ; s'il n'oblitère point la référence, il la problématise, dans la mesure où il soumet le registre de la vie à l'ordre du texte. On connaît les fameuses licences de Chateaubriand ou d'autres, que l'on peut qualifier de poétiques ou de mensongères, suivant les critères. Le texte auto(bio)gra-phique, de l'aurore du genre au plus immédiat présent, et dans ses postulations contraires, est régi par une loi suprême : dire (sur soi et, au passage, sur autrui) la *vérité,* qui a partie liée avec la *réalité,* par opposition, bien sûr, à la *fiction.* « Il s'agissait pour moi de condenser, à l'état presque brut, un ensemble de faits et d'images que je me refusais à exploiter en laissant travailler dessus mon imagination ; en somme : la négation d'un roman. » Cette déclaration liminaire de *l'Age d'homme* inscrit bien la tentative la plus radicale et la plus réussie de l'auto(bio)-graphie moderne dans les lois de la tradition, dans la mouvance de ce que Michel Leiris appelle « la règle fondamentale (dire toute la vérité et rien que la vérité) à laquelle est astreint le faiseur de confession » *(ibid.),* même si, comme le torero, l'écrivain le fait dans les formes. On ne sera pas outre mesure étonné si l'on constate que le début de *l'Age d'Homme :* « Je viens d'avoir trente-quatre ans, la moitié de la vie. Au physique, je suis de taille moyenne, plutôt petit. J'ai des cheveux châtains coupés court... » nous renvoie à l'autoportrait de La Rochefoucauld.

Face à cette image de soi qui vient à lui obligatoirement comme autre et scinde d'emblée l'objet de la vue et le sujet de la vision, comment l'écrivain moderne désarme-t-il l'aporie classique du « projet », « sot » parce qu'impossible, de « se » peindre ? Suffit-il, avec Leiris, de laisser aller le regard à la brutalité agressive d'un narcissime inversé ? « J'ai horreur de me voir à l'improviste dans une glace car, faute de m'y être

préparé, je me trouve à chaque fois d'une laideur humiliante. »
Ou encore peut-on, par l'usage rigoureux de la photo, déjouer
les pièges de l'image ? « Envisageant mon entreprise à la
manière d'un photo-montage et choisissant pour m'exprimer
un ton aussi objectif que possible... » *(l'Age d'Homme)*. Je crois,
pour ma part, que l'originalité de Leiris est plutôt ailleurs, dans
cette phrase, apparemment anodine : « Faire un livre qui soit un
acte, tel est, en gros, le but qui m'apparut comme celui que je
devais poursuivre, quand j'écrivis *l'Age d'Homme*. Acte par
rapport à moi-même puisque j'entendais bien, le rédigeant,
élucider, grâce à cette formulation même, certaines choses
encore obscures sur lesquelles la psychanalyse, sans les rendre
tout à fait claires, avait éveillé mon attention quand je l'avais
expérimentée comme patient. » L'expérience de la psychanalyse, possible seulement depuis Freud, est bien le premier effort
ou effet de rupture par rapport au dilemme classique d'une
autoconnaissance coupée d'elle-même en sa dimension de
l'autre, puisque c'est de l'écoute de l'autre que la vérité revient
(advient) dans le discours où le sujet tâche à se saisir. Mais
l'écriture n'est pas réductible aux efforts/effets d'écoute : « acte
par rapport à soi-même », formulation élucidante du dit jamais
totalement clarifié de l'analyse (interminable), Leiris met en
garde contre l'illusion d'une écriture purement transcriptive,
référentielle, innocente.

   La question que j'aimerais poser ici s'inscrit à la suite de
celle que pose Leiris : qu'est-ce qui, dans l'acte d'écriture,
reprend, élucide, par sa formulation même, « certaines choses
encore obscures », que l'expérience de la psychanalyse porte à
l'attention du sujet ? Le plus souvent, les textes d'analysés,
aujourd'hui si fort à la mode, ont vocation documentaire : ils
racontent, reproduisent, parfois non sans bonheur, la geste
qu'est, pour tout analysé, son analyse ; ils s'incorporent des
« vérités » déjà élaborées dans l'ailleurs des « séances ». Du
journal de bord au récit stylisé, l'écriture a fonction de véhi-
cule ; elle ne fait pas progresser scripteur ou lecteur plus avant,

dans l'intimité d'un être, que le point où s'est justement arrêtée l'analyse. C'est une fonction possible, et parfaitement honorable, de l'écriture : la « transcription », dans le récit de l'analysé, est l'envers exact, la réplique de l' « explication », dans les relations de cas par l'analyste. L'utilisation de l'écriture que propose Leiris est autre : elle s'articule, certes, à l'expérience de l'analyse, mais pour la poursuivre, peut-être la dépasser ; elle se situe non dans le cadre, mais dans un au-delà d'une expérience de parole, devenue expérience (autonome) d'écriture. Dans une étude précédente (*Cahiers Confrontation,* 1, printemps 1979, reprise dans mon livre *Parcours critique,* 1980), « Ecrire sa psychanalyse », j'ai essayé d'autoanalyser les procédés scripturaux mis en jeu par mon roman, *Fils* (Ed. Galilée, 1977), à savoir les ressources du domaine consonantique substituées à l'ordre syntaxique et discursif traditionnel, pour tenter d'élaborer non une écriture *de* l'inconscient (qui n'en a sans doute pas), mais *pour* l'inconscient (ce que s'efforce de faire, sans bien le savoir, l'écriture analytique elle-même, depuis qu'elle existe). J'aimerais reprendre ce roman d'un autre point de vue, celui de sa stratégie narrative, par rapport à la stratégie globale du genre autobiographique, plus précisément par rapport à la notion de « vérité », dont il se soutient, en contraste à toute « fiction ». Pour ceux qui s'étonneraient de voir ainsi un auteur ressasser, en tant que critique, le texte qu'il a produit comme écrivain, je répondrai que l'autocritique (cf. Gide, Barthes, Ricardou ou autres) est une des formes supplémentaires que prend l'autobiographie moderne.

Force m'est de constater — on ne peut guère faire autre chose, lorsqu'on se relit — que mon autoportrait, au sens le plus large du terme, commence (ou presque) selon la norme classique de l'écrivain au miroir : « Bon pied, bon œil. Bien conservé. Une apparence. Les deux tubes fluorescents font un flash, crachent un éclair zigzagant, s'apaisent en jet de pâle phosphore. ÇA. MOI. Ma gueule. Dégueulasse… Je flotte, un fantôme. Image errante, entre les deux montants de métal, sur le miroir » (*Fils,* p. 32) L'important me paraît être ici moins le dénigrement du visage et du corps-propre, dont le sujet a besoin pour saisir sa réalité, que justement la contestation de cette dernière : « Cheveux bien noirs, crâne bien garni » *(ibid.)* ne sont bien qu'une « apparence ». La réalité de l'autoregardant, c'est son irréalité, sa pure « image », flottante, errante, qui plus est. Au MOI (visible au miroir) s'oppose donc le ÇA (dernier réel, invisible), en donnant à ces deux mots toute la charge post-freudienne qu'on voudra. La préséance textuelle du ÇA est donnée dans l'ordre même de l'exposition : une série de souvenirs/fantasmes décentrés, non raccordés, se déroule sur une Autre Scène, avant que le MOI fasse surface et se saisisse dans l'actualité d'une image. Toute l'introduction du livre *(Strates)* se construit sur l'opposition d'un noyau présent et fragmenté (le narrateur se réveille, se lève, prend sa douche, fait sa gymnastique, etc.), et d'une succession de couches mémoratives et fantasmatiques qui l'enrobent et l'emmitouflent. On reconnaît là un des procédés narratifs favoris du Nouveau Roman ; mais, tandis que, dans *la Jalousie* ou *la Route des Flandres,* il y a équivalence rigoureuse des expériences perceptives, imaginaires, mémorielles, si bien que leur statut n'est pas, à la limite, distinguable (ce qui élimine l'opposition réalité/fiction dans l'ordre du récit), le projet autobiographique, lui, de par sa dimension référentielle, implique la désintrication des registres. Le sujet, occulté par la trame du fantasme, il va bien falloir à terme qu'il s'apparaisse au miroir, sinon matériel d'une glace, du moins dans le face à face d'une vérité. La résonance implicite de l'interjection étonnée : « Moi. Ça », fait donc surgir, dans la section médiane et centrale de *Fils (Rêves),* le face à face thérapeutique comme lieu du désenchevêtrement, du dénouement et du dénuement, c'est-à-dire comme lieu du vrai. Les six parties du récit, *Strates, Streets, Rêves, Chair, Chaire, Monstre,* se distribuent, en fait, selon une structure tripartite : l'avant de la vérité (le vécu pré-analytique) ; le champ de bataille du vrai (la séance d'analyse) ; l'après-vérité (le vécu post-analytique). Du coup, la banalité de la formule : « une journée dans la vie de J. S. D. », professeur de littérature française à l'Université de New York, de son réveil jusques et y compris son cours en fin d'après-midi, prend une valeur symbolique (mise en récit des effets de l'analyse), voire une dimension mythique (séquence vie–mort–résurrection).

La singularité de *Fils* n'est pas d'ordre référentiel : le « récit d'analyse », journal de bord minutieux ou reconstitution posthume, est devenu presque un genre, qu'il serait intéressant, d'ailleurs, d'étudier, parallèlement à la narration clinique, de l'autre côté du divan. La particularité serait plutôt d'ordre textuel : comment la relation, non d'une *analyse,* mais d'une *séance,* fonctionne à l'intérieur d'un ensemble textuel dont elle constitue le noyau ou le moyeu. A la différence des relations de cas traditionnelles, le texte « psychanalytique » ne constitue donc qu'une partie du texte total ; à la différence, aussi, du projet leirisien, l'écriture n'est pas mise au travail dans un espace post-analytique, mais dans l'espace même de l'analyse. Plus exactement, elle tente d'ouvrir cet espace dans le texte même, en produisant un en deçà et un au-delà de l'expérience dans le tissu narratif. De ce dispositif spécifique, il m'est impossible ici d'examiner tous les effets : je me bornerai à essayer de dégager, tel qu'il m'apparaît *a posteriori,* l'enjeu de cette stratégie. Dans *le Pacte autobiographique,* Ph. Lejeune a différencié ce qu'il appelle le « pacte romanesque » du « pacte autobiographique » à partir du critère d'identité ou de non-identité du nom de l'auteur et du personnage, ce qui l'amène, au terme d'une nomenclature savante et subtile, à repérer des « cases aveugles » : « Le héros d'un roman déclaré tel, peut-il avoir le même nom que l'auteur ? Rien n'empêcherait la chose d'exister, et c'est peut-être une contradiction interne dont on pourrait tirer des effets intéressants. Mais, dans la pratique, aucun exemple ne se présente à l'esprit d'une telle recherche » (p. 31). A cet égard, tout se passe comme si *Fils* avait été écrit pour remplir cette case aveugle ! Pourquoi ? Si j'essaie de répondre à cette question rétrospective, j'ai inscrit « roman » en sous-titre sur la couverture, fondant ainsi un pacte romanesque par attestation de fictivité, simplement parce que je m'y suis trouvé contraint, malgré l'insistance inlassable de la référence historique et personnelle. C'est bien de *moi* qu'il s'agit dans ce livre, d'abord surgi sous la forme de mes initiales *J. S. D.*

(p. 21), puis de mes prénoms explicites, *Julien Serge* (p. 59), de mon nom enfin, *Doubrovsky* (p. 68). Non seulement auteur et personnage ont la même identité, mais le narrateur également : dans ce texte, *je,* c'est encore *moi.* En bonne et scrupuleuse autobiographie, tous les faits et gestes du récit sont littéralement tirés de ma propre vie ; lieux et dates ont été maniaquement vérifiés. La part d'invention dite romanesque se réduit à fournir le cadre et les circonstances d'une pseudo-journée, qui serve de fourre-tout à la mémoire. Même les rêves cités et en partie analysés sont de « vrais » rêves, consignés à mesure dans un carnet. La lettre de la sœur, relatant la mort de la mère, est une lettre de ma sœur. Ainsi de suite. L'identité supplémentaire de l'écrivain et du critique me permet ici de garantir la véracité du registre référentiel. Pourquoi, comment l'autobiographie s'est-elle, entre mes mains, pour ainsi dire, transformée en ce que j'ai été amené à nommer *autofiction ?*

Le prière d'insérer, que j'ai rédigé à l'époque, donne deux raisons : « Autobiographie ? Non, c'est un privilège réservé aux importants de ce monde, au soir de leur vie, et dans un beau style. Fiction, d'événements et de faits strictement réels ; si l'on veut, *autofiction,* d'avoir confié le langage d'une aventure à l'aventure du langage... » La fiction serait donc ici une ruse du récit ; n'étant pas de par son mérite un des ayants droit de l'autobiographie, l' « homme quelconque » que je suis doit, pour capter le lecteur rétif, lui refiler sa vie réelle sous les espèces plus prestigieuses d'une existence imaginaire. Les humbles, qui n'ont pas droit à l'histoire, ont droit au roman. L'autre raison serait d'écriture : si l'on délaisse le discours chronologico-logique au profit d'une divagation poétique, d'un verbe vadrouilleur, où les mots ont préséance sur les choses, se prennent pour les choses, on bascule automatiquement hors narration réaliste dans l'univers de la fiction. Un curieux tourniquet s'instaure alors : fausse fiction, qui est histoire d'une vraie vie, le texte, de par le mouvement de son écriture, se déloge instantanément du registre patenté du réel.

Ni autobiographie ni roman, donc, au sens strict, il fonctionne dans l'entre-deux, en un renvoi incessant, en un lieu impossible et insaisissable ailleurs que dans l'opération du texte. Texte/vie : le texte, à son tour, opère dans une vie, non dans le vide. Son partage, sa coupure, son écartèlement sont ceux-là même qui structurent et rythment l'existence du narrateur, son suspens indéfini entre deux pays, deux métiers, deux femmes, deux mères, deux langues, deux prénoms, gémellité dissymétrique, moitiés non superposables, dualité insurmontée. Accrochée inlassablement à la bivalence des calembours, glissant en un mouvement perpétuel dans les frayages du double sens, créant son propre genre ambigu, androgyne, l'écriture est inventée par la névrose. Avec, toutefois, cette différence : que si la contradiction à la longue insupportable fait entrer le sujet schizé en analyse (mettant, pour employer la terminologie proustienne, le « héros » du récit en position d'analysant), le « narrateur », lui, dans le repérage du champ, se met à la place de l'analyste. L'instance scripturale délègue les rôle, conduit les répliques, maintient les associations en liberté surveillée, bref, mène le jeu. Voilà donc répercutée, au lieu même où il tente de la « guérir » ou de la « résoudre », la fracture même du sujet, la double postulation contraire de son désir : occuper simultanément deux places antithétiques. « Je veux tout. Toi et elle. Une rive et l'autre. Une vie et l'autre. Moi et moi. Je ne veux pas m'étriper. M'étriquer » (p. 20). L'écriture fournit au fantasme, par la fiction qu'elle instaure, l'accomplissement sans cesse dénié par la réalité. En un cercle curieusement vicieux, sous le prétexte, ou mieux, sous le couvert de relater son expérience analytique, elle évite au sujet d'affronter la castration, affrontement dont la nécessité l'avait justement conduit en analyse ! Le surplus, l'au-delà de l'écriture, par rapport au champ de parole qui, chronologiquement, la précède et la soutient, ouvre l'espace d'une jouissance interdite et inédite : occuper les deux places symétriques et incompatibles, c'est-à-dire cumuler les deux sexes. « MONSTRE non pas mi-mâle mi-femelle mais TOUT ENTIER MÂLE ET TOUT ENTIER FEMELLE » (*Fils*, p. 462).

Le langage n'est nullement un hors-sexe. Il est inscription supplémentaire de la sexualité. Loin que le symbolique soit issue pour un imaginaire aliénant, il y fonctionne à son tour, et d'outre en outre, du moins en ce qui concerne le discours littéraire. La question du *sexe,* pour l'écriture, structure aussi le *genre.* A poursuivre la citation précédente :

> TOUT ENTIER MÂLE ET TOUT ENTIER FEMELLE   contraires non pas répartis bipartis   mais rigoureusement coextensifs à la totalité de son être   occupant tout son territoire   ne laissant littéralement au sujet   PAS D'AUTRE PLACE   aucune image où il puisse figurer   le Père la Femme *(ibid.),*

il suffit de remplacer le mot *être* par le mot *texte,* puisque aussi bien le texte est l'être de l'écrit, pour avoir ici l'autodéfinition exacte du livre. L'impossibilité du narrateur à s'ancrer, nous l'avons vu, dans l'*image* de son corps propre, errante et flottante sur le miroir (p. 32), s'explique, dans l'ordre même du texte, par le fait qu'elle est d'avance volée ou volatilisée par deux images successivement apparues : l'amante/mère aux SEINS mis en relief typographique et le Père tueur de chats .(p. 11 et 12). Contrairement à ce qui se passe dans l'autoportrait classique, l'image propre est frappée d'inanité, à tout le moins d'incertitude. L'autoperception du sujet ne saurait être porteuse d'aucune vérité. MOI. ÇA. Pour faire advenir son MOI où ÇA le dérobe et l'enrobe (l'insistance des signifiants de la brume, du brouillard, etc. dans tout le début est frappante), le narrateur courra donc cent pages plus loin chez son « psy » : ce qu'il y verra, à part la banalité d'un type qui suce un bonbon en manches de chemises (c'est l'Amérique), est une *autre image,* celle d'un rêve, où un monstre marin, tête de crocodile, corps de tortue, sort de l'eau. Cette image *déplacée* (elle fonctionne à *la place* de l'auto-image classique, puisque le sujet cherche désespérément à s'y voir, à y assurer son être, au terme de dix interprétations successives, et il y en a sûrement dix autres encore) soude dans une impossible (monstrueuse) unité les deux images séparées, la Femme, le Père, du début; elle les *remplace.* Mais la *place du sujet* y demeure résolument obturée :

dans le rêve, il apparaît avec sa carabine à plomb, essayant bien en vain de tirer sur l'animal. On dira : l'image captatrice n'est pas « liquidée », parce que l'analyse n'est pas « finie » (le narrateur a pris bien soin de mettre en scène « une » séance, censément entre cent autres, à la différence des récits rétrospectifs de cas complets). C'est possible. Mais l'important est, je crois, de saisir comment le fantasme s'accomplit, au moment même où il bute sur l'impossibilité de dissoudre interprétativement l'image, par la fonction, le fonctionnement de l'écriture.

On se souvient que Lévi-Strauss voyait dans la légende d'Œdipe un « instrument logique » pour jeter un pont entre le problème initial : « naît-on d'un seul, ou bien de deux ? » et le problème dérivé : « le même naît-il du même, ou de l'autre ? » (*Anthropologie structurale,* p. 239). L'autobiographie classique croit à la parthénogenèse scripturale : le sujet y naît d'un seul. Regard de soi sur soi, récit de soi par soi : le même y naît toujours du même. La contradiction que tente de voiler tout mythe, nous avons vu qu'elle apparaît dès le début au grand jour : la prétention véridique de l'auto-connaissance, le « je me suis assez étudié pour me bien connaître » de La Rochefoucauld, est aussitôt contrebattu par le jugement de Retz : « il eût beaucoup mieux fait de se connaître ». Mais comment *se* connaître si l'auto-connaissance passe par la reconnaissance de *l'autre ?* Ce circuit, saisi dès le XVIIᵉ siècle et avant, dans sa nécessité et son impossibilité (d'où la « sottise », selon Pascal), voilà que le XXᵉ siècle l'instaure : dans l'espace de la séance psychanalytique. Ce fameux *two-body psychology* réalise enfin le rêve (mon rêve) : l'aigle à deux têtes, en quelque sorte, une *auto-connaissance à deux.* Il n'est pas étonnant que l'Œdipe en principe s'y résolve, puisque le processus même résout le dilemme d'Œdipe : l'*un* y naît de *deux,* le même y advient du même *et* de l'autre.

L'autobiographie classique, discréditée sur le plan aléthique (Dieu sait si l'on a dénombré les erreurs et les mensonges de Rousseau ou de Chateaubriand), fait donc place, en l'ère postfreudienne, à deux types de récits, répartis selon les deux pôles intersubjectifs : fait du point de vue de la connaissance du sujet par l'autre (l'analyste), le récit de cas est une forme particulière de biographie ; entreprise du point de vue du sujet lui-même, la relation (par l'analysé) est une espèce nouvelle d'un genre ancien, l'autobiographie. La nouveauté essentielle y est l'altération radicale de la solitude romantique, du « moi seul » de Rousseau : l'ex-analysé sait trop bien que le même ne naît pas du même, que son autoportrait de fait est un hétéroportrait, qui lui revient du lieu de l'Autre. Cet autre est nommément mis en scène : ainsi, dans *les Mots pour le dire,* Marie Cardinal fait la part (belle) de ce qui revient à la sagesse du « petit homme », chez qui elle se rend tant d'années, dans l'exposé de sa propre vie, rendue, en retour, à sa logique véritable. Cette sagesse est inexpugnable, puisque située hors texte : « il » demeure, non point certes en marge, mais sur le seuil du livre, communiquant, aux points stratégiques de la narration, de son retrait avare et fécond, juste ce qu'il faut de savoir pour que l'autobiographie devienne enfin une auto-connaissance non leurrée, c'est-à-dire à hétéroconnaissance incorporée. Dans le système ainsi formé, Autobiographie/Vérité/Psychanalyse, la psychanalyse est l'instance régulatrice, maîtresse des deux autres, et qui en assure du dehors le bon fonctionnement.

C'est ce fonctionnement que *Fils* pervertit, en annexant l'expérience analytique au texte même, c'est-à-dire en transformant le processus de dévoilement du vrai en fiction. Par fiction, il faut entendre, à ras de sens, une « histoire » qui, quelle que soit l'accumulation des références et leur exactitude, n'a jamais « eu lieu » dans la « réalité », dont le seul lieu réel est le discours où elle se déploie. Naturellement, historicité/fictivité ne sont que les pôles d'une opposition idéale, comme le « normal » et l' « anormal ». On a assez insisté sur le degré d'imagination qui anime une Histoire à la Michelet, ou, inversement, sur les emprunts à peine transposés des univers romanesques d'un Balzac ou d'un Flaubert à leur propre vie, ou à celle de leur époque. La simple critique des témoignages démontre à elle seule l'irréductible part de « fiction » que comporte toute tentative en vue d'établir des « faits », dès l'instant qu'on les *raconte.* « Il faut choisir : vivre ou raconter », disait le Roquentin de Sartre, précisément lorsqu'il choisissait de nous raconter sa vie, sous la fiction prétendument véridique du « journal intime ». Pour rétablir une distinction malgré tout nécessaire, sur le plan empirique, on ne voit guère à invoquer que la nature du « pacte » qui, selon l'analyse de Philippe Lejeune, lie auteur et lecteur, les signaux textuels qui indiquent : « attention, il s'agit d'une histoire imaginaire » ou « cela s'est bien passé ainsi ». Tel est le contrat de lecture, lequel peut seul, suivant le type de réception du lecteur, différencier, départager à la limite genre romanesque et genre autobiographique. A l'inverse du « roman autobiographique » traditionnel, qui présente une histoire (plus ou moins) vraie comme fictive, en déguisant notamment les noms propres, *Fils* offre une histoire et des noms propres authentiques sous la rubrique du « roman ». On se souvient que Michel Leiris définissait justement le souci autobiographique par le refus de laisser travailler l'imagination sur les faits, « en somme : la négation d'un roman ». Le retournement opéré ici n'est donc nullement innocent.

Une première (re)lecture nous a permis de déceler, dans cette procédure, une articulation du système de l'écriture à la dynamique fantasmatique qui gouverne la vie aussi bien que la plume de J. S. D. Cet être de fuite dans le perpétuel dédoublement installe le récit de son histoire personnelle en un porte-à-faux incessant : « Je suis oiseau, voyez mes ailes... / je suis souris, vivent les rats ! » Autobiographie ? Fiction ? La réponse est : autofiction. Qu'est-ce que cela peut bien vouloir dire, en replaçant la tactique individuelle du scripteur dans la stratégie des genres, définie par le type de lecture qu'elle vise à induire ? En première approximation, nous y avions décelé une « ruse du récit ». Si l'on admet, sans pouvoir ici entrer dans le détail d'une analyse complexe (notons au passage qu'il manque singulièrement, dans la critique de langue française, l'équivalent des recherches américaines sur le *reader's response*), que la lecture d'une fiction délibérément présentée comme telle permet des processus de participation, d'identification, d'idéalisation, etc., différents de ceux d'une lecture gouvernée par le

« principe de réalité », l'ambiguïté du registre de *Fils* vise à jouer sur les deux tableaux. Vous voulez de la fiction ? On met alors en place un dispositif narcissique de captation éventuelle du lecteur, redoublant celle du scripteur, en se rendant « intéressant », aux autres comme à soi, en tant que « héros de roman ». Voilà la médiocrité de la personne transfigurée par sa métamorphose en personnage. Mais, à son tour, ce « personnage », je ne veux point qu'il me vole ma personne ; je ne veux pas que le lecteur me « fasse sien », que *je* devienne *lui,* puisqu'il s'agit, au contraire, que, par identification captatrice, *lui* soit *moi.* Pour arrêter la désappropriation inséparable de la reprise par toute lecture, cette « infidélité posthume » d'Albertine redoutée par le narrateur proustien, le personnage fictif sera rendu indistinguable de ma personne : noms, prénoms, qualités (et défauts), tous événements et incidents, toute pensée, fût-ce la plus intime, tout y sera *mien,* de par le coup de baguette magique d'une référence véridique.

A cet égard, l'intérêt de *Fils* (je laisse de côté l'enjeu narcissique de l'auteur, comme la réussite littéraire, qu'il ne m'appartient pas de juger) est de mettre clairement, voire crûment, en lumière cette question : *quand on écrit, qui mange qui ?* On sait assez que le lecteur passionné « dévore » un livre. Mais la pulsion inverse n'est pas moins forte : à propos de la « madeleine » proustienne, de cette Albertine que le narrateur découvrait avec consternation n'être pas « tout à fait comestible », j'avais été conduit à examiner la partie liée qu'a l'écriture la plus raffinée à l'oralité la plus primitive. C'est bien ce registre, d'abord repéré (naturellement) chez un autre, qui régit, je crois, l'entreprise de *Fils.* Sur le plan thématique, si le « mal » qui conduit le narrateur en analyse est le nœud d'une relation duelle à la mère, que le père n'a jamais pu interrompre et que, seule, la mort de la mère a brutalement tranchée, on peut lire le livre entier comme un effort du narrateur, jusque-là absorbé en sa mère, pour la résorber enfin par l'écriture. Toute la partie de la « séance », qui mime la « construction » analytique, de la p. 229 à 289, tente d'intégrer le discours littéral de la mère au mouvement du texte lui-même, de le dissoudre dans le désir/délire d'interprétation par une lente digestion. Pareillement, en incorporant au tissu même du roman associations et interprétations, qui font la trame de toute séance réelle, mieux, en les utilisant comme principe générateur du récit, c'est l'expérience analytique qui se trouve peu à peu assimilée par la fiction, reprise par le texte. La structure narrative ternaire, que nous avions repérée, « avant-pendant-après » la séance, et qui paraissait privilégier cette dernière en en faisant le pivot du livre, a aussi l'effet inverse : en plaçant l'expérience analytique au centre du livre, le texte se referme sur elle et la phagocyte.

« Qui mange qui ? », c'est, en somme, au niveau de l'inconscient, la version de la lutte à mort hégélienne des consciences, le fameux combat pour la « reconnaissance ». Qui (des deux) est le *véritable* sujet humain ou le sujet porteur du *vrai ?* La séance analytique, comme l'amour, se fait uniquement à deux. Mais l'avènement de cette vérité construite à deux reste solitaire. L'analysé est seul dans l'assomption ultime de l'image que le circuit par l'autre lui renvoie, comme l'analyste est seul à assumer la propre compréhension qu'il a du « cas », du long parcours avec, à travers autrui. Solidaire/solitaire : dans ce rapport humain comme dans tout autre. Si le cabinet est le lieu de la solidarité et la parole son champ, la table d'écriture est irrémédiablement solitaire. Pour l'analysé autant que pour l'analyste, cette solitude est la conséquence d'un meurtre : celui, justement, de l'autre. André Green a eu le courage de le dire : « si l'on admet que l'on écrit toujours en référence à la pratique analytique, le mouvement d'écrire est toujours celui où l'analysant est absent » (*Nouvelle Revue de Psychanalyse,* 16, p. 50). Au sens où le mot était, pour Mallarmé, meurtre de la chose, l'écrit est, pour l'analyste, meurtre du patient. Mais pas n'importe quelle mise à mort : comme on dit si bien, l'écrit psychanalytique est « nourri » par l'expérience. Le patient n'est pas supprimé, mais digéré. Avec le produit de cette digestion, l'analyste « fait » la théorie. *Psychanalyse : psychanalité.* Tel est bien le lieu où s'inscrit la pulsion d'emprise : l'écriture. Contrôle, reprise de ce qui est passé par la bouche, l'écriture est bien cette élaboration à l'autre bout. Au-delà des enjeux psychiques, des liquidations de transferts et contre-transferts, l'écriture est la revanche sur la parole, par adsorption. Serties dans le « cas clinique », les phrases de l'analysé sont remises dans un autre contexte : celui du texte de l'analyste. La parole vive est (r)écrite *de son point de vue*. La lutte à mort par écrit est combat pour le poste narratif. Qui avale qui, c'est décider qui a droit de perspective.

Le scripteur, dans *Fils,* prend la place de l'analyste, comme le personnage tente de reprendre sa place sur la mère, ce qui est d'autant plus logique que l'analyste, de cette mère, occupe la place ! Tels sont les « fils » où se noue la narration : sans cesse à retordre, puisque tissés d'une rétorsion. L'autofiction, c'est sans doute là qu'elle se loge : image de soi au miroir analytique, la « biographie » que met en place le processus de la cure est la « fiction » qui se lira peu à peu, pour le sujet, comme l' « histoire de sa vie ». La « vérité », ici, ne saurait être de l'ordre de la copie conforme, et pour cause. Le sens d'une vie n'existe nulle part, n'existe pas. Il n'est pas à découvrir, mais à inventer, non de toutes pièces, mais de toutes traces : il est à *construire*. Telle est bien la « construction » analytique : *fingere,* « donner forme », fiction, que le sujet s'incorpore. Sa vérité est testée comme la greffe en chirurgie : acceptation ou rejet. L'implant fictif que l'expérience analytique propose au sujet comme sa biographie véridique est vrai quand il « marche », c'est-à-dire s'il permet à l'organisme de (mieux) vivre. Inexact ou incomplet, voire nocif, il est rejeté : cf. Dora-Freud, et pas mal d'autres. De même qu'aucune analyse n'est « terminée », aucune fiction n'est parfaitement adéquate. Avec chaque autre analyste, nouvelle fiction (cf. cette fois l'Homme aux loups). L'autofiction, c'est la fiction que j'ai décidé, en tant qu'écrivain, de me donner de moi-même et par moi-même, en y incorporant, au sens plein du terme, l'expérience de l'analyse, non point seulement dans la thématique, mais dans la production du texte. L'autofiction postanalytique est-elle plus « vraie », en tant qu'écriture autobiographique, que l'autoportrait classique, que nous évoquions au début ? Dans le sens d'une adéquation à un quelconque « réel », extérieur au récit et sa pierre de touche, j'en doute. Mais plus vrai de démultiplier le récit lui-même, d'y découvrir ou d'y brouiller de nouvelles pistes, d'y complexifier l' « image de soi » que le sujet poursuit comme son fantôme asymptotique. La vérité romanesque a même statut, en fin de compte, que la vérité analytique, telle que Freud arrive à la définir sur le tard : la « garantie » de la « construction » n'est ni refus ni adhésion de la part du sujet, mais afflux, surplus sans cesse du matériel expressif. En ce sens, une autobiographie postanalytique, par rapport à l'autobiographie classique, ne saurait être plus « vraie » que d'être plus riche. Au sens où l'on dit que l'uranium a été par *traitement,* lui aussi, *enrichi*. Si elle ne l'est pas, c'est simplement qu'elle est ratée.

Par un ultime retournement, toutefois, toute cette richesse nouvelle fait, en fin de compte, retour au thesaurus du plus ancien imaginaire : celui du mythe. L'autoportraitiste/Narcisse n'a pas d'autre miroir pour lui renvoyer son image. Si la vérité d'un sujet est la fiction qui rigoureusement s'en construit, la vérité d'une fiction est fictive. Ou encore, le fictif, pour un sujet, est l'ordre même du réel. La fiction n'est pas fantaisie : comme n'est pas fou qui veut, on n'est pas fictif comme on veut. Pour une culture donnée, et les sujets qui s'y inscrivent, le registre de la fiction est régi par le système de ses mythes. L'entreprise psychanalytique vient toujours buter, de façon ou d'autre, sur le roc du mythe. Au plus individuel, au plus intime de sa recherche sur *ses* rêves, au plus secret de cette autobiographie onirique, Freud est soudain contraint d'introduire la curieuse catégorie des rêves *typiques*. Cette démarche exemplaire est, pour l'autobiographe, incontournable. Son ontogenèse minutieuse se disperse brusquement dans une hypothétique phylogenèse. C'est ce parcours qui s'est imposé à moi, dans la dernière section de mon livre, *Monstre,* où le dragon-taureau du récit de Théramène, chez Racine, vient relayer le crocodile-tortue de mon propre rêve, et où l'analyse du texte racinien prend exactement la place et la suite de l'analyse du texte onirique. La vérité (ma vérité), elle est là, quelque part, entre les deux analyses. Jamais donc formulée, ni sans doute formulable : toujours entre. Circuit de sens à jamais double, où aucun arrêt n'est possible, où tout ce qui se déverse se reverse dans la direction contraire, puisque le mythe est par essence contradiction voilée et résolution impossible. C'est d'être impossible que tout sujet est mythique, tout récit du sujet aussi, même sous la forme « théorique ». Œdipe-Hamlet, Eros-Thanatos. Mon fantôme est celui qui déjà hante la tragédie de Racine : professionnel, d'être celui d'un professeur de littérature. Travail en retour de l'écrit sur le lecteur, travail déjà au travail chez Racine, dans l'épiphanie de son « monstre » devenu le mien. Tous les « fils » de *Fils,* de mon *auto* (biographie, fiction, analyse, critique), c'est dans tout cet *hétéro* (clite ou gène) qu'après tous mes soins pour les patiemment démêler dans ma vie, dans mon texte, inextricablement, ils se remmêlent.

PROSPECTIONS SARTRE

Le Neuf de Cœur

Fragment d'une psycholecture
de *la Nausée*★

D'un travail en cours sur *la Nausée et le sexe de l'écriture,*
j'extrairai un détail. Détail insignifiant, dans une scène, elle,
célèbre : la scène du café, « le Rendez-vous des Cheminots »,
où Roquentin éprouve enfin la Nausée, avec un N majuscule :
« Ça ne va pas ! ça ne va pas du tout : je l'ai, la saleté, la
Nausée. » Avec sa graphie, la Nausée atteint ici son statut
capital : *clinique,* comme symptôme d'un malaise physique ;
ontologique, comme révélation, à travers la maladie, du mode
d'être-au-monde du sujet ; *esthétique,* comme appel à un salut
par l'art que propose ici le « rag-time avec refrain chanté » et
que reprendra le « livre », le « roman » projeté en conclusion
par Roquentin. Sartre produit un discours totalisant, ou qui ira
en se totalisant jusqu'au moment où Roquentin pourra écrire :

★ Communication faite à la Modern Language Association, Congrès de
San Francisco, décembre 1975. Repris dans *obliques,* n°s 18-19.
 Les citations renvoient au texte de l'édition « Folio », Gallimard, de
La Nausée.

« je comprenais que j'avais trouvé la clé de l'Existence, la clé de mes Nausées, de ma propre vie. » Le langage romanesque est doté, doublé de son métalangage, impérieux, voire impérialiste, qui semble d'avance exclure le commentaire, ou, ce qui revient au même, l'inclure. Résultat critique, pendant des années : la paraphrase. Après le luxe des explications offertes par le narrateur lui-même (ironique tribut post-proustien ?) que dire de mieux et de plus, ou simplement d'autre, sur la Nausée, que ce qui en est dit dans le texte ? Que reste-t-il à voir au regard critique ? Rien, sans doute, que ce détail sans intérêt : la scène de Nausée se termine sur une partie de cartes, passablement circonstanciée, et la partie elle-même se termine, juste au moment où Roquentin se lève, sur une exclamation d'un « jeune homme à tête de chien » : « Ah ! C'est le neuf de cœur. » Cet exposé s'intitulera donc : « Le neuf de cœur : fragment d'une psycholecture de *la Nausée.* »

Pur effet de réel, pourrait-on dire, sur le plan de l'analyse structurale ; la vraisemblance du code narratif demande que, dans un café français, et de province, on fasse une partie de cartes, manille ou belote, de préférence. De ce point de vue, l'as de trèfle ou le neuf de carreau eussent tout aussi bien fait l'affaire. La psychocritique, pour moi, commence là où les autres formes de critique s'arrêtent : à la production, dans le texte, d'un détail insignifiant, dont ni le métatexte sartrien ni les autres métadiscours ne peuvent rendre compte. Sartre aurait certes tout aussi bien pu écrire : « Ah ! c'est l'as de trèfle » ou le « neuf de carreau » avec même effet stylistico-narratif. Reste qu'il a écrit « neuf de cœur », et c'est précisément ce *reste* qui reste à voir au regard critique, d'autant plus que, curieusement, cette carte, étalée au beau milieu de la table, les joueurs ne la *voient pas :* « Un des joueurs pousse les cartes en désordre vers un autre qui les rassemble. Il y en a une qui est restée en arrière. Est-ce qu'ils ne la voient pas ? C'est le neuf de cœur. » L'insignifiant commence ici à signifier, de ce que l'imperceptible qui crève les yeux n'est perçu que de Roquentin. Perception qui doit être, à son tour, perçue du psycho-critique, et, espérons-le, percée.

Qu'on se rassure : l'on ne va point faire ou refaire le coup de la « Lettre volée », jouer ou rejouer quelque « instance de la carte ». Abandonnant pour l'heure ce signifiant au bout de sa chaîne (qui est ici la nôtre puisqu'il clôt très exactement la séquence narrative du café), dans l'espoir d'en déterminer plus tard la place, nous quitterons Lacan pour Freud et nous occuperons, tout bonnement, de sexe. Comme Roquentin, d'ailleurs. « Je venais pour baiser, mais j'avais à peine poussé la porte que Madeleine, la serveuse m'a crié : "La patronne n'est pas là, elle est en ville, à faire des courses." J'ai senti une vive déception au sexe, un long chatouillement désagréable. » Avant que ça ne « tourbillonne » dans la tête, ça « chatouille » donc, et désagréablement, dans une zone érogène précise. Comme l'honneur, le sexe de Roquentin est chatouilleux, et n'est chatouilleux, bien sûr, que ce qui est par nature délicat, sensible à l'atteinte. Or, une disproportion nous frappe aussitôt entre le processus déclencheur de la Nausée (ce qu'en termes sartriens, on appellerait le « circuit téléologique » de la fornication : « je venais *pour* »), et les ardeurs habituellement fort tièdes d'Antoine pour la patronne : « J'ai dîné au Rendez-vous des Cheminots. La patronne étant là, j'ai dû la baiser, mais c'était bien par politesse. Elle me dégoûte un peu, elle est trop blanche et puis elle sent le nouveau-né... je grapillais distraitement son sexe sous les couvertures » (p. 88, « Folio »). On se demanderait à bon droit, sans avoir lu Freud, pourquoi, quand la patronne *n'est pas là,* il ressent une « déception » aussi « vive » à une zone qui, quand elle *est là,* est, c'est le moins qu'on puisse dire, peu érogène, — pourquoi ce « long chatouillement désagréable » à un sexe en définitive beaucoup plus chatouilleux que chatouillable. Quand on a lu Freud, bien sûr, on peut se demander s'il y a un dénominateur inconscient commun aux deux séquences complémentaires et antithétiques (je venais pour baiser/j'ai dû la baiser), un organigramme commun à la jouissance déçue ou reçue ; ou encore, quand on a lu Mauron, si les deux textes sont superposables.

La séquence n° 2 (j'ai dû la baiser) produit, une fois l'acte tant bien que mal accompli, ce qui fait le bonheur de l'analyste :

un « rêve ». « J'ai laissé aller mon bras le long du flanc de la patronne et j'ai vu soudain un petit jardin avec des arbres bas et larges d'où pendaient d'immenses feuilles couvertes de poils. Des fourmis couraient partout, des mille-pattes et des teignes... Derrière des cactus et des figuiers de Barbarie, la Velléda du jardin public désignait son sexe du doigt. "Ce jardin sent le vomi", criai-je » (88-89). Sans pouvoir entrer ici dans la problématique du pseudo-rêve écrit, qui n'en est pas un, mais peut (voir Freud, *Gradiva*), s'analyser comme s'il en était un, ni entreprendre, faute de temps, une analyse détaillée, nous nous bornerons à deux remarques : 1) Le « rêve » consécutif à la consommation de l'acte charnel montre le sexe de la femme comme source fortement anxiogène, lieu de cauchemar précisément *nauséeux* (ce jardin sent le vomi). 2) Si l'on admet le déchiffrement freudien traditionnel vermines = enfants dans le langage onirique, on comprend la nature du « dégoût » de Roquentin pour la patronne qui « sent un peu le nouveau-né ». Le sexe parturiant de la femme désigne par avance l'horreur finale de la fécondité pâmée (scène de la racine de marronnier) : « ma chair elle-même palpitait et s'entrouvrait, s'abandonnait au bourgeonnement universel, c'était répugnant » (187). *Palpiter, s'entrouvrir, s'abandonner :* Roquentin sent son ultime nausée comme si sa chair était devenue tout entière *sexe de femme,* qui plus est, « bourgeonnant », en gestation. C'est le cauchemar absolu. Pour qui ? « J'étais venu pour baiser. » Pour un homme. Ramenés à la séquence n° 1, nous constatons que la déception d'une virilité chatouilleuse s'accompagne d'un symptôme concomitant : « en même temps je sentais ma chemise qui frottait contre le bout de mes seins, et j'étais entouré, saisi par un lent tourbillon coloré... » (34). L'usage veut que le mot *sein,* surtout au pluriel et sous la forme locutive : « le bout de mes seins », se réfère à un signifiant fondamental de la féminité, un de ses appendices et apanages essentiels. Un homme parlera, au choix, de sa poitrine, de son poitrail ou de ses pectoraux. Tout se passe donc exactement comme si le dégoût radical du sexe féminin, projeté comme *rêve* au terme de l'acte sexuel accompli, est introjecté comme *fantasme* dans l'acte manqué, le manque à baiser n'étant nullement manque à jouir, mais manque à *prouver* : dès l'instant où je cese de pouvoir prouver que je suis un homme, voilà que *je me transforme en femme.* Telle est la logique du fantasme sartrien qui règle minutieusement le déroulement de la Nausée. On pourrait montrer en détail dans les quatre étapes successives (scènes du galet ; du café ; de la petite Lucienne ; de la racine de marronnier) la progression inexorable du fantasme, vécue dans les tourniquets de l'ambivalence, « tourbillonnant » du dégoût au désir : autant de stations de croix de l'homme-femme, hanté par la substitution, subite et subie, d'un sexe féminin à un sexe masculin précaire : « Comme il est étrange, comme il est émouvant que cette dureté soit si fragile » (39). Mal et remède à la fois, puisqu'il s'agira, en somme, en assumant une écœurante féminité, « la flaque visqueuse au fond de notre temps », de troquer la virilité réelle contre une virilité imaginaire inexpugnable, inscrite dans l'ordre du symbolique : « bande d'acier » de la musique ou histoire « belle et dure comme de l'acier », où Roquentin rêve de se transposer un jour.

Pour ceux qui douteraient de cette analyse, on peut du moins en croire, au choix, « Sartre par Flaubert », ou « Sartre par lui-même ». Ainsi, en lisant Sartre lisant Gustave, on relit très précisément *la Nausée* : « La chair, c'est le pur pâtir... L'agent désire et prend : voilà le mâle ; or, selon Gustave, la jouissance naît d'un abandon pâmé, de la passivité consentante et heureuse ; la femme jouit parce qu'elle est prise. Elle désire aussi, naturellement, mais à sa manière... le désir féminin est attente passive. Le texte parle de soi : si Gustave veut être femme, c'est que sa sexualité, partiellement féminine, réclame un changement de sexe qui lui permettrait un plein développement de ses ressources. » (*l'Idiot de la famille*, I, 685). A cet égard, Antoine, c'est la conscience malheureuse de Gustave. « Le texte parle de soi », disait Sartre : eh oui, surtout quand il croit parler de l'Autre. Regardons Sartre en train d'imaginer Flaubert se regardant dans une glace : « Au départ, il fait de sa passivité constituée l'*analogon* d'une féminité secrète... il lui est possible au prix d'une irréalisation double — d'imaginer qu'il est un autre qui caresse une vraie femme — lui — de l'autre côté de la glace... Il y a ici deux *analoga :* ses mains, son image. De celle-ci, il n'appréhende que la chair caressée, négligeant les détails insignifiants tels que son sexe ou sa poitrine de jeune mâle » (*ibid., 693*). Dans ce « Sartre par Flaubert », on surprend donc Jean-Paul en train de récrire très exactement la progression de la Nausée, c'est-à-dire la féminisation progressive de la chair, qui va des *mains* (scène du galet), au *visage dans la glace* (« Toute une moitié de mon visage cède... l'orbite s'ouvre sur un globe blanc, sur une chair rose et saignante », 33), précédant l'entrée dans le café où le narrateur soudain « perd » le détail insignifiant de son *sexe* et où sa *poitrine de jeune mâle* se transforme en « bout de ses seins ». Curieuse intertextualité/intersexualité de l'écriture romanesque et de l'écriture critique. Au fait, si Madame Bovary est un homme déguisé en femme (*Critique de la Raison dialectique, 90*), on ne voit pas pourquoi Antoine Roquentin ne serait point une femme déguisée en homme. Mais si l'on préfère en croire « Sartre par lui-même », écoutons-le, en direct, répondre (*l'Arc,* n° 61) aux redoutables questions de Simone de Beauvoir : « Eh bien, Sartre, je voudrais vous interroger sur la question des femmes... vous n'avez jamais parlé des femmes... comment expliquez-vous ça ? » — « Je pense que c'est venu de mon enfance... c'était un peu mon milieu naturel, les filles et les femmes, et *j'ai toujours pensé qu'il y avait en moi une espèce de femme.* »

Seulement, pas si « naturel » que ça — *la Nausée* en témoigne, et cette réticence quant à la question des femmes n'est point innocente, analytiquement parlant (je laisse l'idéologie à Simone). *La Nausée* est précisément là pour combler, au niveau du discours inconscient, cette étrange lacune du discours conscient de l'écrivain et le trio « Antoine-Jean-Paul-Gustave » nous en conte plus long que Sartre ne veut bien le dire ou se le dire. On sait que la notion de « bisexualité », introduite comme une pièce à la fois majeure et mal définie de la pensée freudienne, préoccupe beaucoup les psychanalystes ; ceux de la Société psychanalytique de Paris lui ont consacré leur congrès d'avril 1975 ; d'après le rapport du Dr Christian David, toute cure réussie suppose une intégration de la bisexualité psychique du sujet ; inversement, nous dit-il, « toute menace grave touchant l'identité ou l'intégrité sexuelle est susceptible d'entraîner diverses perturbations de l'organisation psychique pouvant aller jusqu'à la psychose » (*Rapport,* 52). Et le psychiatre français Kreisler formule la même idée dans un vocabulaire qui nous intéresse particulièrement : « Appartenir à un sexe est un des noyaux les plus fermes de la cohésion de notre personne et la sexualité pourrait être le mode le plus primitif et le plus puissant d'enracinement dans l'existence » *(ibid.).* Que l'ultime Nausée de Roquentin ait lieu devant une *racine* éminement phallomorphe (« l'écorce, noire et boursou-flée, semblait de cuir bouilli... cette peau dure et compacte de phoque », 180, 182) indique bien le lieu de la crise existentielle du sujet comme celui de l'enracinement viril. « Je ne suis pas du tout disposé à me croire fou », écrit Roquentin. Il a bien tort, — surtout en un temps où la névrose s'est terriblement dépréciée et où seule la psychose confère à l'écrivain ses lettres de noblesse.

Le critique, toutefois, n'est pas un psychiatre ; et le diagnostic (si l'on veut, l'élément dit de « construction ») n'a d'intérêt que s'il produit l'équivalent de l'afflux du nouveau matériel réprimé que Freud (*Constructions dans l'analyse,* 1937) donne comme pierre de touche d'une interprétation correcte : ici, l'intégration de plus en plus poussée d'éléments métonymi-quement discrets du texte en une séquence métaphorique cohérente. Une psycholecture, au fond, n'est rien d'autre que la constitution d'une logique rigoureuse des détails, pour autant qu'elle replace la logique des possibles narratifs dans le fonctionnement du fantasme. Si l'on rabat la séquence érotique n° 1 (j'étais venu pour baiser) sur la séquence érotique n° 2 (j'ai dû la baiser), on peut dire que le devoir viril accompli évite la crise de l'identité sexuelle, s'il est vrai, selon la remarque de R. R. Greenson, que « le névrosé adulte se comporte comme si le sexe de son objet sexuel déterminait son propre sexe ». Mais des traces de la première logique des signifiants subsistent dans la seconde : à peine la Velléda du jardin public ou pubique a-t-elle désigné du doigt son sexe comme partie peccante, rassurant ainsi le dormeur mâle, qu'au réveil ce dernier entend la patronne lui dire : « J'aurais pas voulu vous réveiller... mais j'avais un pli du drap sous les *fesses...* » (89). L'ordre syntagmatique est révélateur : ce reste « diurne » déclenche *aussitôt après* dans le texte romanesque un autre « rêve » où prolifère le signifiant fessier, refoulé comme simple détail du « réel » dans la scène vigile (pli du drap). L'obsession se manifeste à plein : « J'ai fessé Maurice Barrès. Nous étions trois soldats et l'un de nous avait un trou au milieu de la figure. Maurice Barrès s'est approché de nous et nous a dit : "C'est bien !" et il a donné à chacun un petit bouquet de violettes. "Je ne sais pas où le mettre", a dit le soldat à la tête trouée. Alors Maurice Barrès a dit : "Il faut le mettre au milieu du trou que vous avez dans la tête." Le soldat a répondu : "Je vais te le mettre dans le cul" » (89). Encore une fois, une analyse détaillée est ici impossible ; notons seulement la triple constellation associative : tête trouée-mettre dans le cul-bouquet de violettes, et, par un mouvement inverse du premier, rabattons-la sur la séquence érotique n° 1.

Dans le café où nous l'avions laissé, nous trouvons Roquentin en pleine Nausée, affalé : « La banquette est défoncée à l'endroit où je suis assis... j'ai un ressort de cassé... la tête est toute molle, élastique, on dirait qu'elle est juste posée sur mon cou ; si je la tourne, je vais la laisser tomber » (35). Devenue le « petit objet détachable », le « ressort cassé », la tête qui tourne, au point de risquer de tomber, montre, à la source de la Nausée, une très forte angoisse de castration : le vertige de Roquentin, c'est très exactement sa tête *vécue comme pénis,* face à la menace castratrice qui le vise dans son identification narcissique. « Je me suis laissé tomber sur la banquette, je ne savais plus où j'étais » : le texte, lui, *sait* avec précision où il est ; quand il (la tête) se laisse tomber, Antoine est assis à l'endroit où « la banquette est défoncée ». Or, se « faire défoncer » désigne dans un argot cru, cher à Sartre, l'acte redouté qui transforme *le* sujet masculin en *une* tante. L'angoisse de castration féminisante, le renvoie à sa vulnérabilité fondamentale : l'anus, c'est le vagin du mâle. Le dégoût (désir) du sexe femelle s'intériorise dans le registre fantasmatique comme hantise de posséder un sexe féminin en puissance, que la Nausée actualise. L'angoisse de castration s'accompagne d'une très forte angoisse complémentaire de sodomisation. A Maurice Barrès demandant au soldat qu'on mette le bouquet « au milieu du trou que vous avez dans la tête » (tête « trouée » du soldat, tête « coupée » de Roquentin), n'oublions pas la réponse : « Je vais te le mettre dans le cul. » Or, dans ce cul, si j'ose dire, qu'est-ce qu'on met ? Un bouquet de *violettes*. La hantise de sodomisation ressentie comme féminisation (le fantasme autant que le bon sens étant la chose du monde la mieux partagée, Roquentin se retrouve ici dans l'excellente compagnie du président Schreber, de freudienne mémoire, qui était la « femme de Dieu »), se marque pourtant dans le texte sartrien d'un signifiant privilégié, le *violet,* puisque aussi bien, ne l'oublions pas, la Nausée de Roquentin est un vertige *coloré.* « Je voyais lentement tourner les couleurs... » Une analyse du signifié thématique montrerait facilement que, dans le texte sartrien, cette couleur est l'emblème d'une sexualité féminine et léthale (ainsi, la caissière à laquelle Roquentin s'identifie spontanément : « elle est rousse comme moi ; elle a une maladie dans le ventre. Elle pourrit doucement sous ses jupes avec un sourire mélancolique, semblable à l'odeur de *violette* que dégagent parfois les corps en décomposition », 84). On s'étonnera sans doute moins qu'Annie de cette répugnance esthétique d'Antoine : « Tu as protesté pendant un an, avec indignation, que tu n'irais pas voir *Violettes Impériales* » (198). Mais, plus important encore, le violet est couleur sartrienne d'une sexualité femelle redoutable dans l'ordre même de la signifiance : comme *viol,* comme *violé.* Ce qu'avère, après l'identification du narrateur à la caissière putrescente, celle à la « petite Lucienne », dans l'étape suivante de la Nausée : « La petite Lucienne a été violée. Etranglée. Son corps existe encore. *Elle* n'existe plus. Ses mains... Je... voilà que je... Violée. Un doux désir sanglant de viol me prend par-derrière... » (144). L'ambiguïté même de l'expression : « désir sanglant de viol » (de violer, d'être violé ?), qui n'est autre que l'ambivalence même du désir actif/passif, se résout momentanément au profit d'une transsexualisation fanstamatiquement assumée, de par le *lieu* où le désir prend le sujet : *par-derrière*. Il y a là une équivalence symbolique exacte entre la manière dont il vit désormais sa chair comme féminine (« Mon corps de chair qui vit, la chair qui grouille et tourne doucement liqueurs, qui tourne crème... l'eau douce et sucrée de ma chair », 145) et son universelle sodomisation « schreberienne » : « l'existence prend mes pensées par-derrière et doucement les épanouit *par-derrière ;* on me prend par-derrière, on me force par-derrière de penser... Il court il court le furet (par-derrière) par-derrière *par-derrière,* la petite Lucienne assaillie par-derrière violée par l'existence par-derrière... » (146). La « petite Lucienne », reparue à point comme dernier maillon de la chaîne du délire verbal, est forcément « assaillie par-derrière », si Roquentin doit pouvoir la « devenir ». Ici, selon la loi que Freud assignait au développement des séquences oniriques d'une même nuit, où la progression est celle qui va du plus caché au plus manifeste, tous les éléments de la fanstamatique sartro-roquentienne apparaissent sans refoulement dans l'écriture délirante (la désyntaxisation, dégrammaticalisation, décodification du récit indiquant le lieu où le travail textuel accomplit la pulsion sexuelle). Nous n'en sommes pas là, et, dans la scène du café, lesdits éléments ne font que transparaître, quelque peu obscurcis, hésitants : comme les *bretelles* du cousin Adolphe (emblème traditionnel, s'il en fut, du machisme prolétarien, bretelles-Gabin dans les films Prévert-Carné), qui « hésitent » entre le bleu et le mauve (« On a envie de leur dire : allez-y, *devenez* violettes, et qu'on n'en parle plus » (36). Mais, à ce stade, pour qu'on puisse encore « en parler » c'est-à-dire, écrire, les bretelles ne peuvent pas, ne *veulent* pas devenir *violettes ;* et là où Robbe-Grillet voyait jadis un anthropomorphisme naïf de la description sartrienne, il faut voir une inscription très sûre et précise du fantasme, qui articule déjà, par une curieuse condensation, « le temps des bretelles mauves et des banquettes défoncées » (38). La poussée désirante ou délirante est contenue

Le Neuf de Cœur

par l'appel, déjà noté, à une virilité imaginaire, à cette « bande d'acier, l'étroite durée de la musique, qui traverse notre temps de part en part » *(ibid.),* dont l'effet est aussi spécifiquement désigné que la cause : « Quand la voix s'est élevée dans le silence, j'ai senti tout mon corps *se durcir* et la Nausée s'est *évanouie* » (39). Poussée contenue donc, mais non sans qu'y soit retenue la féminisation dangereuse et latente : pas seulement dans la voix d'une *chanteuse,* mais dans la réaction même de la « petite fille du vétérinaire » devant la musique : « A peine assise, la petite fille a été saisie : elle se tient raide, les yeux grands ouverts » (38). Petite fille phallique, pourrait-on dire, où ce qui se tient raide, dans la virilité miraculeusement recouvrée de Roquentin, c'est un pénis de femme. On s'étonnera moins si la solution finale du livre est un fétichisme de l'art.

Pourtant la scène du café ne s'arrête pas à la disparition de la Nausée sous l'effet de la musique ; elle s'achève sur cette anodine partie de cartes, qui avait requis notre attention au début. Moins anodine, peut-être, d'être une *manille,* si l'on songe que la nausée initiale est de la *main,* et que celle-ci sera plus tard punie (« je m'envoie un bon coup de couteau dans la paume » 143). La hantise de sodomisation conjurée, il reste, pour que la fameuse « protestation virile » soit satisfaite, à affronter la menace de castration. C'est ce deuxième temps de l'opération fantasmatique qu'accomplit par procuration la scène des joueurs. Lorsque « le gros rougeaud » abat sa manille de carreau, le « jeune homme à tête de chien » le contre soudain (mieux vaut cette tête, d'une animalité mâle et domestiquée, que la tête « molle » et « élastique » de Roquentin) : « Merde ! Il coupe » (40). On coupe aux cartes ; on coupe aussi sur le divan de l'analyste ; et là, du père, on n'y coupe pas. Le voilà précisément qui apparaît, pour disparaître, sous sa forme la plus classique : « La silhouette du *roi de cœur* paraît entre des doigts crispés, puis on la retourne sur le nez et le jeu continue. Beau roi, venu de si loin, préparé par tant de combinaisons, par tant de gestes disparus. Le voilà qui disparaît à son tour pour que *naissent* d'autres combinaisons et d'autres gestes... » *(ibid.).*

Le lyrisme inopiné de ce passage n'aurait guère de sens au niveau du code « réaliste » d'un récit où l'on ne sache pas que Roquentin soit particulièrement cartomane ni manillophile. Sur l'Autre Scène et dans l'autre code, la lisibilité est parfaitement logique : le « fils » coupe le « père », liquide l'œdipe par retournement de la menace; pour que *naisse* le fils, le « roi de cœur » disparaît, comme M. de Rollebon plus tard (autre meurtre imaginaire du père). Adoubé mâle, sacré viril, on comprend l' « émotion », autrement inexplicable, qui saisit Roquentin : « Je suis ému, je sens mon corps comme une machine de précision au repos » (41), un repos bien mérité après les transes transsexuelles. On comprend aussi l'afflux impérieux et subit des souvenirs de Roquentin en ce point précis de la chaîne fantasmatique : « … je me suis enfoncé dans des forêts, et j'allais toujours vers d'autres villes. J'ai eu des femmes, je me suis battu avec des types… » *(ibid.).* En règle avec une virilité désormais homologuée, rassuré quant à ses deux attributs essentiels, le baiseur-bagarreur se sent en paix dans la machine de sa peau : il est normal qu'il *voie* ce que les autres *ne voient pas,* puisque c'est la place de son fantasme : le *neuf de cœur.* Cœur à neuf, il peut repartir (« C'est bien, je vais partir… »), et du pied gauche, sauf, hélas, à une gaucherie près. La carte, « restée en arrière », « quelqu'un la prend enfin, la donne au jeune homme à tête de chien. » « Ah ! C'est le neuf de cœur ! » (41). Il y a lieu, en effet, de s'étonner. Sauf à être « laissé en arrière » ou, comme on dit, « demeuré », quant à la résolution du fantasme, une virilité ne se « donne » pas, il faut soi-même la « prendre », c'est-à-dire l'apprendre. Faute de trop savoir qu'en faire et n'ayant pas encore décidé de la transmuer ou transmâliser en écriture, « le jeune homme tourne et retourne le neuf de cœur entre ses doigts » *(ibid.).* Mais, en même temps que ratage, peut-être y a-t-il déjà annonce de la (ré)solution future, puisqu'à côté du jeune homme, « le vieillard violacé se penche sur une feuille en suçant la pointe d'un crayon ».

Phallotexte et gynotexte*
dans *La Nausée* :

« Feuillet sans date »

Le sexe de l'écriture

« Longtemps j'ai pris ma plume pour une épée » : cette célèbre déclaration de Sartre, à la fin des *Mots,* aussitôt corrigée (« à présent je connais notre impuissance », p. 211), a dans son contexte un sens idéologique ; le choix même du vocabulaire nous invite à y lire concurremment un sens sexuel. Longtemps — et ce temps recouvre toute la période de sa production littéraire —, l'écrivain avoue avoir mis spontanément son entreprise sous le signe de la puissance phallique. En quoi il n'est évidemment pas le seul ; son fantasme est, comme le bon sens, la chose du monde la mieux partagée, par les écrivains de sexe mâle et, quelquefois aussi, de l'autre. Or, ce qui est beaucoup plus intéressant que ce phallocentrisme ou phallogo-

* Communication au colloque « Sartre », University of Western Ontario (1978). Repris dans *Sartre et la mise en signes,* Klincksieck (1983).
Les références des pages renvoient à *La Nausée,* coll. « Folio », aux *Mots,* coll. couverture blanche, éd. Gallimard.

centrisme, même reniés, c'est que, lorsqu'il s'agit du double ou de l'alter ego, Gustave, la clairvoyance de Sartre lui permet de déceler, en de remarquables analyses, l'inscription profonde du désir flaubertien d'écrire dans une secrète féminité : « Si Gustave veut être femme, c'est que sa sexualité, partiellement féminine, réclame un changement de sexe qui lui permettrait un plein développement de ses ressources » (*l'Idiot de la famille,* I, p. 685). Cette féminité partielle, qui cherche à se compléter dans les jeux du fantasme, voire par certaines conduites de passage à l'acte, n'est nullement propre à Flaubert, si l'on admet que sexualité veut fondamentalement dire bisexualité. Ce qui est particulier à Flaubert est qu'il laisse affleurer et travailler en lui une tendance en général soigneusement refoulée chez les autres hommes, au point que, dans un de ses derniers textes, « Analyse terminée et analyse interminable », Freud a pu voir, en ce « rejet de la féminité », chez l'homme, parallèle au *Penisneid* de la femme, une résistance quasi insurmontable du sujet sexué. Comme tout projet humain, l'acte d'écrire se situe, au niveau du désir qui le meut, dans le champ de la sexualité ; c'est-à-dire qu'il s'inscrit d'entrée de jeu au lieu même du *conflit* qui oppose le sexe avouable et le sexe interdit. J'ai montré, dans un texte précédent, « Le *neuf de cœur :* Fragment d'une psycholecture de *la Nausée* » (communication au congrès de la Modern Language Association, San Francisco, décembre 1975, publiée en français dans *Obliques,* nos 18-19, 1979), que ce que Sartre voyait parfaitement en Flaubert était cela même qu'il (se) dissimulait dans *la Nausée,* les étapes successives de l'expérience nauséeuse étant portées par le mouvement d'un désir/dégoût, chez Roquentin, de la transformation imaginaire de son sexe en sexe femelle : expérience psychosexuelle qui sous-tend l'expé-rience ontologique et la gouverne, sans que pour autant, je m'empresse d'ajouter, cette dernière lui soit réductible. J'ai eu le plaisir de voir, en juin 1979, au cours d'un entretien que Sartre m'a fait l'honneur de m'accorder, qu'il admettait à l'heure actuelle le principe de cette interprétation par la « crise bi-sexuelle » du personnage/narrateur, crise dont il m'a dit n'avoir pas eu du tout conscience en écrivant *la Nausée,* mais dont il s'était lui-même aperçu dans une relecture récente. Mon propos sera donc moins de déceler ici l'articulation fantasmatique du texte, que je tiens personnellement pour acquise, que d'en suivre certains réseaux. Je voudrais essayer de repérer, non dans les structures narratives, mais *dans la production textuelle elle-même,* l'inscription du processus inconscient, le travail, *dans l'écriture,* de la dynamique pulsionnelle. S'il est vrai que l'écriture, tout autant que la parole, le regard ou la caresse, est, dans une de ses dimensions fondamentales, un geste sexuel, il faudra nous demander comment fonctionne la sexualité du texte, ce que l'on pourrait appeler sa *sextualité.*

Question de méthode

J'adopterai la méthode précédemment utilisée dans ma communication sur le « neuf de cœur ». Un détail, ou un fragment, prélevés sur la masse du roman (pourquoi la partie de cartes à la fin de la première grande scène de « nausée » au « Rendez-vous des Cheminots » se conclut par l'exclamation : « Ah ! c'est le neuf de cœur »), permet, en établissant, à partir d'un point nodal, un réseau précis de recoupements, d'instituer une ligne générale d'interprétation, que l'on peut ensuite étendre à d'autres zones textuelles, et modifier, le cas échéant. (Ce système d'aller-retour permanent d'un point du texte à tous les autres par une libre association critique, je le nommerai *divagation*). Pour les commodités de l'exposé, j'ai choisi comme point de départ celui-là même de *la Nausée :* le passage liminaire, que l'auteur a séparé du reste du « Journal », lui a mis en préface, prélude ou exergue, qu'il a coupé, de toute façon, du corps du récit. « Petit texte détachable », pourrait-on dire de ce *Feuillet sans date,* en laissant résonner en nous les échos de la formule. Selon une tout autre écoute, la critique a déjà été attentive à l'importance de ce hors-texte qui a, toute proportion gardée, la même valeur pour *la Nausée* que l'ouverture insomniaque de Combray pour la *Recherche.* Suivant Geneviève Idt (et c'est aussi, d'après ce que j'ai pu comprendre, l'interpré-

tation de Sartre lui-même), ce « feuillet » renvoie à l'inachève-
ment de l'œuvre — marque d'un genre littéraire, le « roman
inachevé », pour l'une ; plutôt indice du processus même de
l'écriture, pour l'autre. Dans une analyse plus fouillée, Georges
Raillard (*la Nausée de J.-P. Sartre,* p. 44) souligne que « le
feuillet sans date fournit la matière du livre entier : thème,
mode de la recherche, sa critique ». Et de conclure : « C'est déjà
l'ébauche d'un roman, de notre roman qui est une série de
variations opérées sur ces cellules de base » (p. 46). On ne
saurait mettre mieux en évidence la valeur matricielle du texte.
Toutefois, les remarques précédentes (qui ne constituent
naturellement pas une liste exhaustive des commentaires,
simplement un échantillonnage pertinent) se placent toutes au
plan de la *signification.* Or, celle-ci est de l'ordre du secondaire,
non du primaire, selon les critères que l'on applique aux
processus de pensée. Les divers sens (thématiques, littéraires,
philosophiques, etc.) sont dérivés par rapport au travail de
production interne du texte, travail de la langue où les
« modèles ne sont pas les mêmes entre ce qui parle en surface
le sens et ce qui l'opère en épaisseur » (O. Ducrot et
T. Todorov, *Dictionnaire encyclopédique des sciences du langage,*
p. 445). Tel est bien le domaine désormais admis de la
signifiance.

La scène de l'écriture

Certes, selon la technique de montage quasi parodique qui
caractérise *la Nausée,* le début du livre se scinde aussitôt en
divers registres : l' « Avertissement des éditeurs » (romans du
xviiie), « Feuillet sans date » (journal inachevé), démarrage du
« Journal » (description naturaliste). Excellentes remarques de
Geneviève Idt, qui se complètent de celles de Georges Raillard :
ce qui se définit dès l'ouverture est moins la nature d'un « projet
existentiel » que le statut d'une fiction. L'analyse s'attache ici au
discours *de* Sartre. Une approche psychanalytique s'intéressera
davantage au discours *en* Sartre. Or, ce qui obsède et fascine ce

discours, c'est de s'appréhender d'emblée par son *envers matériel*. A travers les « genres » multiples où la virtuosité polytextuelle s'ébroue, une même insistance nous frappe, une même obsession se répète :

> Ces *cahiers* ont été trouvés parmi les *papiers* d'Antoine Roquentin... La première *page* n'est pas datée... *(Avertissement)*
>
> Par exemple, voici un *étui de carton* qui contient ma *bouteille d'encre*... Je ne vais pas m'amuser à mettre tout cela sur le *papier*... Je renonce à écrire mes impressions... dans un beau *cahier* neuf. *(Feuillet sans date)*
>
> Je n'ai pas pu ramasser le *papier,* c'est tout... Je me suis approché, c'était *une page* réglée... *(Journal,* début, p. 23-24)

Phénoménologiquement, cette matérialité pesante de l'écriture s'oppose au flou d'une pensée intérieure à peine verbalisée :

> Je ne me soucie même pas de chercher des mots. Ça coule en moi, plus ou moins vite, je ne fixe rien, je laisse aller. La plupart du temps, faute de s'attacher à des mots, mes pensées restent des brouillards. Elles dessinent des formes vagues et plaisantes, s'engloutissent : aussitôt, je les oublie (p. 19).

Notons que le « plaisant » est du côté des « formes vagues », ce qui « coule », ce qui n'est pas « fixé » — du côté de l'oubli, non de l'*inscription*. Pour inscrire, il manque, en effet, dans cette curieuse mise en scène de l'écriture, un instrument essentiel, *plume* ou *stylo,* qui n'apparaîtront dans le texte qu'à la page 137, et encore de bien bizarre façon : « Un immense écœurement m'envahit soudain et la plume me tomba des doigts en crachant de l'encre. » Cette *plume* qui « tombe des doigts » dans l'écœurement n'est pas sans évoquer cette *tête* (« toute molle, élastique... si je la tourne, je vais la laisser tomber ») dans l'étourdissement nauséeux du café. Si Freud a pu définir l'écriture comme geste « consistant à laisser couler un liquide d'un tube sur une feuille de papier blanc », remarque plus retorse qu'il n'y paraît, d'associer les espèces ennemies du solide et du liquide, dans le même acte, où donc est passé, le « tube » de Roquentin ? Peut-être dans la *pipe, fourchette* et autre *loquet* où s'alimente sa phobie, aux premières lignes du *Journal ?* Il est sans doute temps de nous interroger, avec Roquentin, sur les mécanismes de sa phobie/folie.

Papa maman la castration

Nous y voilà. Une fois de plus. Si l'on entre chez le psychiatre, on est vite renvoyé, sur ce chapitre, au psychanalyste. Le *Manuel alphabéthique de psychiatrie* d'A. Porot s'empresse de citer H. Nunberg : « La phobie serait une forme remaniée et élaborée de la névrose d'angoisse : l'angoisse primitivement liée à un danger interne, à une pulsion refoulée, serait déplacée pour se fixer sur un objet externe substitutif... le contenu sexuel des phobies apparaît souvent de façon évidente. » On connaît la suite : sexualité infantile, masturbation, menace et peur de castration. Papa, maman, la... Agaçante ritournelle. On comprend la révolte devant ce prêt-à-porter théorique dont on affuble d'avance la nudité des gestes humains. Il faut pourtant se résigner ; il y aura toujours de la castration dans une lecture analytique, comme on trouvera de la lutte des classes dans une explication marxiste. Je propose, au contraire, pour notre divertissement, et peut-être notre instruction, de jouer le jeu castrophile jusqu'au bout et de quitter momentanément ce « journal d'un fou » pour un bref voyage au royaume de la clinique où l'on prétend thésauriser les symptômes de la folie. Pour ce faire, je ne vois pas de meilleur guide que le bon Fenichel et sa monumentale somme assommante, *The Psychoanalytic Theory of Neurosis,* manuel, aujourd'hui dédaigné, du parfait analyste, aux jours déjà lointains (1945) où l'analyste, pas encore promu au rang de métapsychologue-général ou de métaphysicien-chef, se contentait d'être troufion de la thérapeutique, cependant que des patients à mentalité de primates venaient dépenser temps et argent pour « guérir » de quelque chose. « Nous avons changé tout cela », diraient nos doctes mires d'à présent. Mais Roquentin, lui, le « lundi 29 janvier 1932 », ne prend pas sa

100

« petite crise de folie » (p. 12) pour une révélation céleste, ce n'est pas un schizo-illuminé. Il note : « C'est venu à la façon d'une maladie » (p. 15). Et puisque maladie il y a et que, d'autre part, il n'est point de pire malade que celui qui prétend guérir tout seul (« Je vais me coucher. Je suis guéri », p. 13), tournons-nous vers Fenichel, ouvrons son Larousse médical, potassons l'hystérie d'angoisse, chapitre XI.

Roquentin avec Fenichel

Nous sommes prévenus dès l'entrée : « ce qu'une personne craint, c'est ce qu'elle souhaite inconsciemment » (*The Psycho-analytic Theory of Neurosis,* p. 196, traduit par nous). En conséquence, la situation redoutée a, pour le patient, un double sens : tentation (pour une tendance refoulée) ou punition (pour une pulsion inconsciente) ou une combinaison des deux. Ainsi, ce que les patients souffrant d'hystérie d'angoisse craignent « représente souvent un substitut de l'*idée de castration* » (p. 197). Nous y revoilà donc. Comment de telles banalités s'appliqueraient-elles à notre expérimentateur ès affres ontologiques ? A vrai dire, dans le crâne de l'Autodidacte, on trouve bien, entre autres joyeusetés, « des Samoyèdes, des Nyams-Nyams... père et fille, frère et sœur, se mutilent, se châtrent... » (p. 56). Mais c'est l'Autodidacte. Auquel, malgré tout, Roquentin aura l'envie subite d' « enfoncer ce couteau à fromage dans l'œil » (p. 173). Impulsion qui, dans la chaîne narrative, se situe juste avant la scène finale de Nausée devant la racine de marronnier, que l'on concédera légèrement phallomorphe : « L'écorce, noire et boursouflée, semblait de cuir bouilli » (p. 180). En face de cette racine dont les qualités sont « de trop », on se souvient de la réaction : « Je raclai mon talon contre cette griffe noire : j'aurais voulu l'écorcher un peu » (p. 183). Beaucoup, passionnément : « Noire ? J'ai senti le mot qui se dégonflait, qui se vidait de son sens avec une rapidité extraordinaire » (*ibid.*). On ne sera pas étonné si, à la fin, on assiste à un affalement général : « à chaque instant, je m'attendais à voir les troncs se rider comme des verges lasses » (p. 188). Du temps des grandes bagarres viriles (« j'ai eu des femmes, je me suis battu avec des types », p. 41), le lecteur se rappelle soudain un souvenir de Roquentin, qu'il donne d'ailleurs à demi pour un fantasme : « un Marocain sauta sur moi et voulut me frapper d'un grand canif. Mais je lui lançai un coup de poing qui l'atteignit au-dessous de la tempe... » (p. 59). Naturellement, ce n'était ni à Rabat ni à Fez, mais à *Meknès* : il ne faut rien moins qu'un tel affrontement pour qu'un *mec naisse*... Mais si le « mec », selon notre analyse, désire devenir « nana » (ce qu'il craint et ce qu'il souhaite à la fois, ce qui le tente et ce pourquoi il se punit), — on admirera la sûreté symptomatique du passage à l'acte, accomplissement de désir et autopunition simultanés, qui précède une autre grande scène « nauséeuse » : « Mon canif est sur la table. Je l'ouvre. Pourquoi pas ? De toute façon, ça changerait un peu. [D'être un homme sans doute ?] Je pose ma main gauche sur le bloc-notes et je m'envoie un bon coup de couteau dans la paume » (p. 143). *What anxiety hysterics fear often represents substitutes of the idea of castration*. Pauvre Fenichel ! Oui, mais quand même... Si l'on poursuit la description nosographique, on trouve cette perle : « La simultanéité de la punition et de la tentation, en règle générale, est aussi à la base d'une crainte fréquente de "devenir fou". En ce qui concerne cette crainte, on doit se souvenir qu'elle peut être justifiée. Le principe qu'une personne qui a peur de la folie ne saurait devenir folle est inexact » (Fenichel, p. 197).

> Ce qu'il y a de curieux, c'est que je ne suis pas du tout disposé à me croire fou, je vois même avec évidence que je ne le suis pas : tous ces changements concernent les objets. Au moins c'est ce dont je voudrais être sûr (p. 12).

« Quelquefois, l'idée de folie a, inconsciemment, une signification plus spécifique. L'expérience a pu établir l'équation *tête = pénis* et par conséquent *folie = castration* » (Fenichel, p. 197).

J'ai un ressort de cassé : je peux mouvoir les yeux mais pas la tête.

La tête est toute molle, élastique, on dirait qu'elle est juste posée sur mon cou ; si je la tourne, je vais la laisser tomber (p. 35).

Quelquefois, la peur de la castration se dissimule sous une régression, qui lui substitue « une peur archaïque et autonome », fantaisie dévoratoire ou encore, dans les phobies du toucher, « tendance à éviter la saleté », défense contre « les tentations anales-érotiques du patient » (Fenichel, p. 200).

Le galet était plat, sec sur tout un côté, humide et boueux de l'autre. Je le tenais par les bords, avec les doigts très écartés, pour éviter de me salir (p. 12).

J'aime beaucoup ramasser les marrons, les vieilles loques, surtout les papiers... pour un peu je les porterais à ma bouche, comme font les enfants. Anny entrait dans des colères blanches quand je soulevais par un coin des papiers lourds et somptueux, mais probablement salis de merde... Donc, aujourd'hui... je me suis baissé, je me réjouissais déjà de toucher cette pâte tendre et fraîche... je n'ai pas pu (p. 23-24).

Dans la mesure où « souvent les sensations d'équilibre sont devenues les représentants de la sexualité infantile en général », on s'aperçoit que bien des craintes phobiques « concernent directement les sensations d'équilibre » (Fenichel, p. 202). Des angoisses devant des « sensations spatiales », résultant du refoulement d'un plaisir ancien, de nature généralement masturbatoire, forment souvent le noyau de l'hystérie d'angoisse, « fantasmes qui impliquent la situation du corps dans l'espace, des changements dans la taille du corps ou de certaines parties du corps... ou des sensations encore plus vagues. "Il y a quelque chose qui tourne" » (Fenichel, p. 202-03).

Ce qui me réveille brusquement, c'est que je perds l'équilibre. Je me retrouve à califourchon sur une chaise, encore tout étourdi. Est-ce que les autres hommes ont autant de peine à juger de leur visage ?
je m'endors les yeux ouverts, déjà le visage grandit, grandit dans la glace, c'est un immense halo pâle qui glisse dans la lumière...
j'étais entouré, saisi par un lent tourbillon coloré, un tourbillon de

brouillard, de lumières dans la fumée... je voyais tourner lentement les couleurs autour de moi... (p. 33-35).

Pauvre Fenichel! Oui, mais quand même... Comme il n'est pas de phobie sans défenses contraphobiques, la principale consiste à « retourner la passivité en activité dans la lutte contre l'angoisse » (Fenichel, p. 481), à rechercher ce qui est craint, « de la même façon qu'un enfant éprouve avec plaisir dans son jeu ce dont il a peur dans la réalité » (p. 480). A titre de variante, « l'activité du patient, qui supplante la passivité, n'est pas réelle, mais simulée. Le but du patient est de feindre que ce qui lui arrive était voulu par lui. Cela peut s'observer fréquemment dans le comportement des enfants. C'est aussi le principal mécanisme de certains caractères névrotiques qui voudraient être des "acteurs de la réalité". Ils font semblant de croire ou ils croient effectivement qu'ils sont la cause active de ce qui leur arrive en fait »(p. 481-82).

> Ce sentiment d'aventure ne vient décidément pas des événements : la preuve en est faite. C'est plutôt la façon dont les instants s'enchaînent... Anny faisait rendre au temps tout ce qu'il pouvait... Cette fois-là, nous nous quittions pour trois mois. A un moment, on projeta sur l'écran une image toute blanche, l'obscurité s'adoucit et je vis qu'Anny pleurait. Puis, à minuit, elle lâcha ma main, après l'avoir serrée violemment; je me levai et je partis sans lui dire un mot. C'était du travail bien fait (p. 85-86).

« Que ne peut l'artifice et le fard du langage ? » s'exclamait l'Alidor de Corneille dans *La Place Royale*. Le lieu privilégié du retournement imaginaire, du renversement spontané, c'est bien le langage. « On peut ranger parmi une autre grande classe de phénomènes contraphobiques certaines œuvres d'art où l'artiste, en une incessante tentative pour se débarrasser de son angoisse, recherche et décrit cela même qu'il redoute afin de parvenir à une maîtrise différée » (Fenichel, p. 485).

> Le mieux serait d'écrire les événements au jour le jour. Tenir un journal pour y voir clair. Ne pas laisser échapper les nuances, les petits faits, même s'ils n'ont l'air de rien et surtout les classer... (p. 11).

Nous voici de retour au début du *Feuillet sans date*. Pauvre Fenichel! Oui, mais quand même...

Semonces, sermon

Ce petit voyage au pays de la clinique aura eu son utilité, s'il dissipe quelques relents d'idéalisme. A Roquentin, qui se vante : « Moi, je vis seul, entièrement seul » (p. 19), ce qui n'est pas sans évoquer telle maxime du jeune Sartre (« Un contre tous : c'était ma règle », *les Mots,* p. 122), il est rappelé sans ménagement que l'unique rentre dans le statistique et l'ineffable subjectif dans la nomenclature des « cas ». Au Sartre-Roquentin de *la Nausée* (« *J'étais* Roquentin, je montrais en lui, sans complaisance, la trame de ma vie ; en même temps, j'étais, *moi,* l'élu, annaliste des enfers », *les Mots,* p. 210), comme à Sartre tout court, en particulier l'autobiographe des *Mots,* il est rappelé opportunément qu'il manque aux dits « enfers » roquento-sartriens une essentielle dimension, par ailleurs minutieusement étudiée quand il s'agit de Genet ou de Flaubert, la sexualité, et qu'il n'y a aucune explication idéolo-gico-politique d'une « névrose », y compris la sienne, qui n'ait, *d'abord,* un fondement sexuel. Aux critiques qui s'embarquent instantanément pour la Cythère théorique du journal comme fiction ou de la littérature comme genres, il est rappelé incisivement qu'un projet scriptural commence par être ou est en soi un projet existentiel, et qu'il n'est d'existence que sexuée. A certains psychanalystes en mal de littérarité, il est non moins pertinemment rappelé que le sexe n'est pas un ballet de signifiants, hors corps et hors libido, au royaume du symboli-que, mais chair désirante ou délirante dont le langage est le symptôme, langage du symptôme dont un Fenichel nous offre l'indigeste et nécessaire grammaire. Ce rappel à l'ordre général est rappel à une élémentaire modestie, ou à la modestie de l'élémentaire. Le passage par la clinique est, en fait, une leçon d'éthique. Le critique, autant que les autres, est forcé de l'assumer. Nous quitterons, toutefois, Fenichel là où la psychanalyse s'arrête, au seuil propre de *l'écrit,* où ce périple à travers l'hystérie d'angoisse nous ramène.

Une sorte de nausée dans les mains

Sa phobie, Roquentin l'éprouve de façon très particulière : dans la mise en scène de l'acte d'écrire où manque une plume. Mais où très vite apparaît la *main.* Au terme de ses expériences pathologiques initiales, Roquentin établit son premier bilan diagnostique : « Oui, c'est cela, c'est bien cela : une sorte de nausée dans les mains » (p. 24). De fait, il y a, chez cet hyperintellectuel, une prodigieuse obsession manuelle : « dans mes mains, par exemple, il y a quelque chose... je sentais dans ma main un objet froid... et puis il y avait sa main... » (p. 15-16). Une étude d'ensemble montrerait le rôle et la présence obsessionnelle de la « main » à chaque étape significative de la Nausée, jusques et y compris, bien sûr, la scène du coup de couteau dans la paume, où l'organe préhensile, symbole même de l'activité humaine (mâle), s'abandonne à une passivité de la chair (ressentie comme posture femelle) :

> Je vois ma main, qui s'épanouit sur la table. Elle vit — c'est moi. Elle s'ouvre, les doigts se déploient et pointent. Elle est sur le dos. Elle me montre son ventre gras. Elle a l'air d'une bête à la renverse (p. 141).

Féminisation du corps propre masculin, qui se complétera d'un saignement opportun :

> Le geste était trop nerveux ; la lame a glissé, la blessure est superficielle. Ça saigne. Et puis après ? Qu'est-ce qu'il y a de changé ? Tout de même, je regarde avec satisfaction, sur la feuille blanche, en travers des lignes que j'ai tracées tout à l'heure, cette petite mare de sang... Quatre lignes sur une feuille blanche, une tache de sang, c'est ça qui fait un beau souvenir (p. 143).

Ladite « nausée dans les mains » ne livre pas dans l'écriture un de ces gestes *substitutifs,* dont est friande l'analyse. C'est plutôt tout l'ensemble des gestes de substitution qui se (re)jouent *hic et nunc* dans l'écriture, comme le présent de la parole, en séance, est la seule réalité des désirs passés, sans qu'on dise, autant que je sache, que la parole y est un ersatz. Le lieu précis où se joue le fantasme sexuel est l'écriture même, et si le désir/dégoût de Roquentin vise la *transsexualité,* il la donne d'emblée comme *transtextualité :* petite mare de sang *en travers* des lignes tracées. Ce qui se met ainsi à la traverse de la plume-épée, du projet d'écrire le livre sur M. de Rollebon, éminent phallocrate s'il en fut, c'est la féminité secrète de l'écriture, longtemps contenue, retenue, peu à peu acceptée, sous la dénagation ironique, maîtresse du jeu dans l'apothéose de la Nausée, puis de nouveau refusée, refoulée, dans le projet futur d'écrire une histoire « belle et dure comme de l'acier » (p. 247). Roquentin et Sartre philosophe (mais pas l'écrivain) partagent l'illusion de Fenichel qui voit dans l'art une « défense » contraphobique, alors qu'il est le terrain même de l'attaque. Il y a en effet, pour Roquentin, une vocation *thérapeutique* de l'écriture, sans cesse affirmée :

> Je suis guéri, je renonce à écrire... (p. 13).
>
> Ecrit quatre pages. Ensuite, un long moment de bonheur (p. 104).
>
> j'avais appris sur l'existence tout ce que je pouvais savoir. Je suis parti, je suis rentré à l'hôtel, et voilà, j'ai écrit (p. 190).
>
> je crois que je vais avoir la Nausée et j'ai l'impression de la retarder en écrivant. Alors j'écris ce qui me passe par la tête (p. 241).

Le geste scriptural est saisi comme remède à la « folie », contremesure à la progression de la « nausée », dont il subit les fluctuations et s'assure ultimement la maîtrise. La vérité est tout autre : « *La vérité, c'est que je ne peux pas lâcher ma plume* » (p. 241). En effet, il n'interrompt son livre sur Rollebon que pour tenir son journal, et le journal n'arrive à son terme qu'en annonçant le « roman » futur. Roquentin ne se fait pas écrivain pour guérir de sa maladie ; sa maladie est d'emblée *celle d'un écrivain,* d'un bout à l'autre et de part en part. Qui plus est, d'un écrivain *rationaliste,* adepte de cette clarté bien française, depuis le début (« Tenir un journal pour y voir *clair* ») jusqu'à la fin

(« il viendrait bien un moment où le livre serait écrit… et je pense qu'un peu de sa *clarté* tomberait sur mon passé »), pas si éloigné, somme toute, du Sartre qui, vers la même époque, déclarait à l'encontre de Brice Parain : « le langage peut me résister, m'égarer, mais je n'en serai jamais dupe que si je le veux » (*Situations, I,* Idées, p. 287). Or, la « maladie » de Roquentin ne passe qu'accessoirement, ou *substitutivement,* par une série « objectale », qu'il nous détaille par le menu (galet, papier merdeux, pipe, fourchette, loquet, verre de bière, café des Cheminots, racine de marronnier, etc. etc.) ; plus exactement, sa nausée s'y *déplace,* jusqu'au crescendo final, le long d'une chaîne signifiante dont le déplacement même a pour fonction de voiler l'origine :

> Un immense écœurement m'envahit soudain et la plume me tomba des doigts en crachant de l'encre. Qu'est-ce qui s'était passé ? Avais-je la Nausée ? Non, ce n'était pas cela… (p. 137).

Si la dénégation a sa valeur usuelle d'aveu, si la nausée refoulée est originairement celle de l'encre, on ne sera pas étonné que le *premier objet* nauséeux, tellement évident qu'il passe presque inaperçu, n'est pas le galet, mais l'*encrier :*

> Il faut déterminer exactement l'étendue et la nature de ce changement. Par exemple, voici un étui de carton qui contient ma bouteille d'encre (p. 11).

La bouteille d'encre, c'est ici la bouteille à l'encre. Ce qui nous ramène à notre *Feuillet sans date,* mais nous projette aussi à travers tout le livre.

La scène de l'écriture : L'encrier

Sur le plan de l'énonciation, il n'est aucune expérience antérieure à l'acte d'écrire. Et c'est bien le présent même de l'écriture qui se désigne d'entrée de jeu comme la scène d'un indéfinissable, mais profond « changement ». « Il faut dire comment je vois cette table, la rue, les gens, mon paquet de tabac, puisque c'est *cela* qui a changé. » Admirable ambiguïté : *cela,* c'est quoi ? La table, la rue, les gens, ou *dire ?* Le problème, c'est qu'écrire, n'est pas un verbe intransitif; en tout cas, certainement pas dans la perspective d'un projet autobiographique. On ne saurait dissocier l'écriture de l'objet — fût-il imaginaire — qu'elle vise. Ecrire, c'est écrire *quelque chose ;* c'est écrire *sur.* « Le mieux serait d'écrire *les événements* au jour le jour. Naturellement, je ne peux rien écrire de net *sur* ces histoires de samedi et d'avant-hier. » En style sartrien, le langage se dépasse vers la référence, comme la conscience se transcende vers le monde. « Ce qui se conçoit bien s'énonce clairement » : si l'énonciation se brouille, c'est que l'énoncé devient opaque : « ce qui s'est passé en moi n'a pas laissé de traces claires. » Dès lors, comment « tenir un journal pour y voir clair » ? Le projet scriptural est inséparable de l'expérience qu'il s'efforce de capter et de clarifier. Pour la « clarté » de notre propre exposé, nous partirons donc de l'*énoncé,* bien qu'en fait et en droit, il soit indissociable, je le répète, du processus d'énonciation, mieux, que ce soit ce processus même qui fasse l'objet de l'expérience liminaire. Donc la « bouteille d'encre » n'est pas (du moins le croit le narrateur) le lieu direct où s'éprouve l' « inquiétante étrangeté », l'*Unheimlich* qui frappe soudain les objets les plus familiers (« cette table, la rue, les gens, mon paquet de tabac »). En soi, l'étui de carton est « un parallélipipède rectangle », « il se détache sur », « il n'y a rien à en dire » : on saisit ici par anticipation le futur récit robbegrilletien comme mécanisme de défense, refus de faire sortir du merveilleux ou de l'étrange de cet encrier, qui n'est, en bonne logique cartésienne, que de l'étendue. Simplement, l'encrier est un objet particulier en tant qu'il réactive des expériences antérieures :

> il est certain que je peux, d'un moment à l'autre — et précisément à propos de cet étui ou de n'importe quel autre objet — retrouver cette impression d'avant-hier.

Précisément-n'importe lequel : là encore, la dénégation (bien naturelle en ce premier temps de l'affection) s'efforce de reprendre ce qu'elle livre. Quelle est *ici* l'impression que l'usage de l'encrier permet justement de « retrouver » dans la première entrée de ce journal ?

Galet/gamins

Contiguë à l' « encrier » et lui faisant suite, c'est la fameuse scène du galet, où Roquentin subit sa première « nausée ». De cet objet à double face, « plat, sec sur tout un côté, humide et boueux sur l'autre », on a à peu près tout dit, sauf l'essentiel : à savoir qu'il est le support symbolique de la bisexualité, dont les postulations contraires vont déclencher et gouverner les affres de Roquentin. Que le « sec », le « froid », le « dur », le « pur » et à l'inverse, l' « humide », le « boueux », le « mou », le « gras », etc., articulent les fantasmes de masculinité et de féminité dans l'imaginaire sartrien, ce n'est plus à démontrer. L'important et, ici, le pathogène, c'est que ces qualités antithétiques soient réunies *dans le même objet*. Il m'est impossible de suivre les réseaux fastasmatiques qui s'élaborent à partir de cette expérience initiale et qui donnent à *la Nausée* sa trame thématique, si riche et, en son foisonnement apparent, si rigoureuse. Je me bornerai à faire remarquer ce qui rabat l'expérience du galet sur l'expérience de l'écriture, ce qui les *met en équation*.

L'homotexte

Samedi les gamins jouaient aux ricochets et je voulais lancer comme eux un caillou dans la mer. A ce moment-là, je me suis arrêté, j'ai laissé tomber le caillou et je suis parti. Je devais avoir l'air égaré, probablement, puisque les gamins ont ri derrière mon dos... Il y avait quelque chose que j'ai vu et qui m'a dégoûté, mais je ne sais plus si je regardais la mer ou le galet (p. 12).

Et si Roquentin ne se souvenait plus d'avoir regardé la mer ou le galet, parce qu'il regardait les *gamins* ? Et si l'objet (refoulé) du désir se livrait par métonymie, glissait du « galet » aux gamins ? Non seulement sur le plan de la signification, mais de la signifiance, la « nausée des mains » traverse évidemment les « gamins », c'est-à-dire la *main* des *gars*. Comme l'expérience du « galet » se rassure de trouver les *gars laids*. Seulement, voilà un curieux souvenir qui surgit quelques pages plus loin :

> Quand j'avais huit ans et que je jouais au Luxembourg, il y en avait un qui venait s'asseoir dans une guérite... Le gardien a dit à mon oncle que c'était un ancien censeur... Nous en avions une peur horrible parce que nous sentions qu'il était seul. Un jour il a sourit à Robert, en lui tendant les bras de loin : Robert a failli s'évanouir... nous sentions qu'il formait dans sa tête des pensées de crabe ou de langouste (p. 22).

Mains masculines devenues *bras* qui se tendent vers l'objet d'un désir horrible et censuré par la « folie » (on admirera que cet ancien fonctionnaire soit « censeur », plutôt que « proviseur ») : on voit ici clairement la nature de ces « pensées de crabe ou de langouste », obsessionnellement sartriennes, symbole certes de l'inconscient, mais de certaines tendances, comme on dit, très particulières. De solitaire à solitaire (serait-ce qu'il est des compagnonnages prohibés ?), l'identification de Roquentin est frappante et se livre sans ambages :

> Est-ce donc ça qui m'attend ? Pour la première fois cela m'ennuie d'être seul. Je voudrais parler à quelqu'un de ce qui m'arrive avant qu'il ne soit trop tard, *avant que je ne fasse peur aux petits garçons* (p. 22).

Pour l'heure, il fait simplement rire (« je devais avoir l'air égaré, probablement, puisque les gamins ont ri derrière mon dos »). Son trouble, plus discret que celui du censeur, n'en est pas moins lisible (risible) pour ses destinataires. Le sens ultime de ces gamineries se révèle deux cents pages plus loin, lorsque le comique se renverse en tragédie :

> L'Autodidacte avait repris ses chuchotements... A un moment j'entendis son rire, un petit rire flûté et gamin. Ça me serra le

cœur : il me semblait que des sales mômes allaient noyer un chat (p. 229-30).

La fameuse scène de la bibliothèque actualise le fantasme de la scène du galet, non sans y détourner, bien sûr, la punition sur le double caricatural : *main* du *gars* féminisée, « c'était une main, la petite main blanche qui s'était tout à l'heure glissée le long de la table... elle avait l'indolente nudité d'une baigneuse », s'accouplant au gars *laid* (galet), « c'était un gros doigt jauni par le tabac ; il avait, près de cette main, toute la disgrâce d'un sexe mâle » (p. 230). On ne peut que trouver logique la question hurlée par le gardien corse à Roquentin : « Est-ce que vous êtes une tante, vous aussi ? » (p. 234). La réponse, c'est Sartre qui l'apporte dans *l'Idiot de la famille* : « Parlerons-nous ici d'homosexualité ? Peut-être. Mais non sans précaution... Cette postulation de sa passivité ne va pas jusqu'à décider du sexe de l'agresseur » (I, p. 686). Ce qui est pris à tort pour de l'homosexualité, chez Flaubert, est la structure féminine de son désir. Témoin cette lettre qui raconte la tentative de séduction par un kellak égyptien, commentée par Sartre :

> « Je l'ai... repoussé... Il s'est mis à sourire et son sourire voulait dire : " Allons tu es un cochon tout de même, mais aujourd'hui, c'est une idée que tu as de ne pas vouloir. " Quant à moi, j'en ai ri tout haut comme un vieux roquentin. »... Flaubert s'étend complaisamment sur l'aventure et déclare qu'il a repoussé à temps la *main indiscrète* : on le croira sans peine si l'on se rappelle l'horreur profonde que lui inspire la *laideur* (I, p. 688-89).

On se prend à rêver sur telle formule de Lacan : l'inconscient, c'est le discours de l'Autre... On se demande aussi ce qui arriverait si la barrière de la « laideur » s'effondrait et si l'objet masculin était soudain perçu comme beau. Il est, heureusement, une défense supplémentaire, et le spectacle de ce qui attend l'Autodidacte a valeur d'avertissement (« Quand le Corse retira son poing, le nez de l'Autodidacte commençait à pisser le sang », p. 233). *Bouville, ville des bœufs :* quand le masculin se laisse contaminer par son féminin, c'est la *castration cosmique,* au terme ultime de la Nausée :

> Il pleut. On a laissé pousser des plantes entre quatre grilles. Des plantes châtrées, domestiquées, inoffensives, tant elles sont grasses. Elles ont d'énormes feuilles blanches qui pendent comme des oreilles... Tout est gras et blanc à Bouville, à cause de toute cette eau qui tombe du ciel (p. 218).

Ville castrée, ville de la *boue.* Bouville.

Phallotexte

L'eau du ciel nous renvoie tout naturellement au liquide de l'encrier. La « nausée dans les mains », la féminisation hystérique de la main, elle est éprouvée d'emblée, au seuil du livre, aux premières lignes de ce *Feuillet sans date,* bien avant qu'elle ne se thématise en maints épisodes et ne se monnaie en multiples fantasmes, et cela, dans l'*acte même d'écrire.* Ce que nous appelons l' « homotexte » montre, au cœur du geste viril (lancer un caillou) la possibilité d'une jouissance inversée plus encore qu'invertie (main transformée en ventre de baigneuse, fouillé par un doigt) ; l'activité s'y transit soudain en abandon pâmé. En ce sens, l'homotexte est menace pour le *phallotexte.* Si l'on peut, à propos de la bouteille d'encre, « retrouver l'impression d'avant-hier », c'est que l'acte d'écriture est *aussi* un acte sexuel ; loin des mythes de sublimation, *écrire se situe dans le sexe.* Tout comme les rêves d'une même nuit sont censés faire apparaître de plus en plus manifestement le contenu refoulé, la seconde « expérience » phobique de Roquentin éclaire rétrospectivement la première. On y retrouve la même lutte intestine du sec et du boueux, agrandie à des proportions quasi cosmiques :

> En été ou au début de l'automne, on trouve dans les jardins des bouts de journaux que le soleil a cuits, secs et cassants... D'autres feuillets, l'hiver, sont pilonnés, broyés, maculés, ils retournent à

la terre. D'autres tout neufs et même glacés, tout blancs, tout palpitants, sont posés comme des cygnes, mais déjà la terre les englue par en-dessous (p. 23).

Après les *cygnes,* les *signes* ne sont pas longs à paraître :

Je me suis approché : c'était une page réglée, arrachée sans doute à un cahier d'école... Le trait rouge de la marge avait déteint en une buée rose ; l'encre avait coulé par endroits. Le bas de la page disparaissait sous une croûte de boue... Je suis resté courbé une seconde, j'ai lu « Dictée : le Hibou blanc », puis je me suis relevé, les mains vides. Je ne suis plus libre, je ne peux plus faire ce que je veux (p. 24).

Le « Hibou blanc » répercute dans l'ordre du signifiant, saisi immédiatement comme contradiction dans les termes, l'opposition binaire signifiée dans l'épisode du galet, l'impossible accolement des contraires. De fait, l'écriture elle-même est *mise en œuvre du sec et de l'humide en son geste matériel :* « la plume me tomba des doigts en crachant de l'encre... » (p. 137) ; « les lettres maintenant ne brillaient plus, elles étaient sèches... » *(ibid.).* L'écœurement commence quand le « sec », l'ordre rigoureux des signes (telles les notes de saxophone qui sont des instants « asséchés », p. 243) est vécu comme relâchement, quand il est contaminé, repris par l'ordre du fluide : « Mon écriture a changé, il me semble : j'écrivais plus serré » (p. 27). On remarquera que l'encre qui a « coulé » sur cette page frappée d'interdit est le « trait rouge » de la marge, couleur qui n'est pas sans évoquer cette autre scène d'écriture : « Quatre lignes sur une feuille blanche, une tache de sang... » Dans la scène du galet comme dans celle du papier souillé, ce qui soulève le dégoût de Roquentin, ce qui déclenche son recul, lequel ira s'amplifiant jusqu'à la nausée, c'est *l'irruption fantas- mée du féminin au cœur du logos masculin,* rupture soudaine de l'équilibre, décloisonnement des pôles opposés, compénétration de l'un par l'autre : l'objet à deux faces renvoie son image au sujet d'un langage à deux sexes. *Broyée, maculée, engluée par en-dessous :* tel est le cauchemar d'une masculinité inopinément contestée par le principe contraire et subordonné. La levée subite de l'interdit se métaphorise dans la série menaçante des barrières qui cèdent :

Moi, je vois le dessous ! les vernis fondent, les brillantes petites peaux veloutées, les petites peaux de pêche du bon Dieu pètent de partout sous mon regard, elles se fendent et s'entrebâillent (p. 175).

Pour Roquentin-Sartre, le « continent noir » entr'aperçu dans les profondeurs est un répugnant marécage. La « mer » des poètes est un bourbier : « La *vraie* mer est froide et noire, pleine de bêtes ; elle rampe sous cette mince pellicule verte qui est faite pour tromper les gens » *(ibid.).* Bestiaire qui n'est pas sans rappeler le grouillement animal du rêve de Roquentin, lorsqu'il a tiré son coup avec la patronne du *Rendez-vous des Cheminots :* « Des fourmis couraient partout, des mille-pattes et des teignes. Il y avait des bêtes encore plus horribles... elles marchaient de côté avec des pattes de crabe » (p. 88-89). Dès lors, le seul contact sûr avec l'élément liquide, c'est le *ricochet ;* le geste viril, le jet (rejet) agressif d'une pierre. D'entrée de jeu ou de journal, le discours du « Feuillet sans date », s'il refuse l'estampille du temps, n'en porte pas moins une marque, si l'on peut dire, de fabrique : *y voir clair, classer les faits, parallélipipède rectangle, se détache sur, écrire net.* On y reconnaît sans mal le logos classique de l'emprise et de la maîtrise, le discours phallique dans la droite lignée de la Chasse de Pan baconienne ou du *Discours de la méthode,* impérialisme d'une rationalité qui vise à dépouiller, nettoyer, purifier le monde de l'étrangeté du sensible, au profit de la netteté de l'intelligible. Comme le galet, que Roquentin tient « par les bords, avec les doigts très écartés, pour éviter de se salir », l'écriture appelle l'écart, la distance par rapport aux processus élémentaires, une *Verfremdung* où il est aisé de lire le désir de « réassurance » de la « protestation virile » : « j'ai vu pointer un mot sous la trame des sensations » (p. 54). Par opposition au flou, au fluide, au flux de la pensée spontanée, le mot-phallus est bien l'instrument à « boucher le trou » qu'ouvre l'expérience du néant :

> Et puis, tout d'un coup, le jardin se vida comme par un *grand trou,* le monde disparut de la même façon qu'il était venu... Je suis parti, je suis rentré à l'hôtel, et voilà, *j'ai écrit* (p. 190).

Ce n'est pas seulement le mot, par rapport à la sensation, c'est le *discours tout entier* qui s'éprouve et se désire comme phallique. Je rappelle pour mémoire, et sans pouvoir ici développer l'analyse, le système fantasmatique binaire et bisexué qui organise les séries *temps vécu→vie→passivité→féminité* (« flaque visqueuse au fond de notre temps », « le temps reprend sa mollesse quotidienne », etc.) et *temps du récit→art →rigueur→virilité,* la seconde série étant naturellement valorisée. « Je demandais tout juste un peu de rigueur » (p. 59).

> de vrais commencements... coupant court à l'ennui, raffermissant la durée
>
> la voix glisse et disparaît... la petite fille a été saisie et se tient raide
>
> j'ai senti mon corps se durcir et la Nausée s'est évanouie
>
> il y a cette bande d'acier de la musique, qui traverse notre temps de part en part, et le refuse et le déchire de ses sèches petites pointes
>
> Une histoire, par exemple... Il faudrait qu'elle soit belle et dure comme de l'acier (p. 60, 39, 247).

Le phallocratisme de la Nausée, c'est sans doute dans *l'Etre et le Néant* qu'il se donne le plus ingénument à lire, en la célèbre analyse existentielle du « visqueux », où le lexique sartrien se thématise de façon la plus explicite[1] :

> Le visqueux... est *docile.* Seulement, au moment où je crois le posséder, voilà que, par un curieux renversement, c'est *lui* qui me possède. C'est là qu'apparaît son caractère essentiel : sa mollesse fait ventouse.
>
> Autrement dit, la possession affirme la primauté du Pour-soi dans l'être synthétique « En-soi-Pour-soi ». Mais voici que le visqueux renverse les termes : le Pour-soi est soudain *compromis.*
>
> J'écarte les mains, je veux lâcher le visqueux et il adhère à moi,

---

1. Cette analyse sera reprise et approfondie dans « Sartre : retouches à un autoportrait ».

il me pompe, il m'aspire... c'est une activité molle, baveuse et féminine d'aspiration...

le visqueux apparaît comme un liquide vu dans un cauchemar et dont toutes les propriétés s'animeraient d'une sorte de vie et se retourneraient contre moi. Le visqueux, c'est la revanche de l'En-soi. Revanche douceâtre et féminine... (p. 700-01).

Gynotexte

On peut, au choix, remplacer le mot *visqueux* par le mot *féminin* (l'identification est explicite), mais aussi par le mot *écriture* : le texte précédent n'en fonctionne qu'avec une évidence accrue. Ecriture « docile », que l'écrivain macho croit « posséder », puisqu'il « possède », par définition, sa langue : et voilà, c'est la langue qui le possède. L'encre n'est plus cette eau vite séchée, où se conserverait sa trace :

> Cette phrase-là, je l'avais pensée, elle avait d'abord été un peu de moi-même. A présent, elle s'était gravée dans le papier, elle faisait bloc contre moi. Je ne la reconnaissais plus... Elle était là, en face de moi ; en vain y aurais-je cherché une marque d'origine.

Gravée, faisait bloc : l'inscription, c'est l'en-soi soudain de l'écriture. Le pour-soi est expulsé de son projet ; pire encore, l'intentionnalité de son projet est *compromise,* la direction abolie. Ce qui coule de la plume est bien ce « liquide vu dans un cauchemar » et dont les propriétés s'animent et se retournent contre l'écrivain, admirable métaphore du *style* même de *la Nausée,* de son oscillation constante du méticuleux et du précis à l'enflure divagante d'un relâchement généralisé. Le galet est la métamorphose de l'encrier : on a beau vouloir « écarter » doigts ou mains, ça poisse. Et, bien sûr, pour la plume-épée, le mot-phallus, quand ça poisse, ça ne colle plus. Pour parodier la formule de Sartre, si le visqueux est l'agonie de l'eau, le voici l'agonie de l'encre. Le pour-soi s'englue soudain dans une langue-flux. Plus exactement, dans la troisième grande scène de Nausée, le cauchemar se textualisera dans une débâcle de la syntaxe, un dérèglement systématique de tous les sens du discours, au moment où dans un cri, la féminisation de l'écriture (« Quatre lignes sur une feuille blanche, une tache de sang », p. 143) s'hystérise et s'accomplit : « Je... voilà que je... *violée* » (p. 144). Nous n'en sommes pas encore au passage à l'acte, à la subversion radicale des normes du logos, dans le délire d'identification à la « petite Lucienne », qui transsextualise l'écriture. Ce moment fécond du délire verbal mériterait à lui seul toute une étude[2]. Dans ce « Feuillet sans date », le désir, métonymiquement lié aux gamins et métaphoriquement au galet, dissimule le transsexuel sous l'homosexuel ; ce dégoût/désir se heurte aussitôt à la menace de castration, à la fois redoutée et souhaitée. « Ce qu'une personne craint, c'est ce qu'elle souhaite inconsciemment », disait Fenichel. On ne s'étonnera pas de trouver ici une satisfaction et une punition concomitantes, qui se produisent simultanément *dans le texte*. Si le phallus est verbal, la castration est forcément linguistique. Elle frappe trois fois (faut-il dire trois coups, avant le lever de rideau du « Journal » ?).

> comment je le voyais *avant* et comment à présent je le★ (★un mot laissé en blanc)
> Il ne faut rien★ (★un mot est raturé [peut-être « forcer » ou « forger »], un autre, rajouté en surcharge, est illisible.
> Dans un cas seulement il pourrait être intéressant de tenir un journal : ce serait si★ (★le texte du feuillet sans date s'arrête ici) (p. 11, 14).

Le « changement » dont il « faut déterminer exactement l'étendue et la nature », il se produit, à la lettre et dans la lettre, sous nos yeux ; et si ce changement est, comme Sartre l'a très bien diagnostiqué de Flaubert, changement de sexe, c'est alors le sexe même de l'écriture qui vire, ou s'évire : « Comme il est étrange, comme il est émouvant que cette dureté soit si fragile. Rien ne peut l'interrompre et tout peut la briser » (p. 39). La rigueur phallique se brise trois fois, le fil du discours s'interrompt. Laissé en blanc, le mot perd tout pouvoir *dénotateur,* se

2. Cf. p. 92.

coupe de la chose : *a)* « *comment je le* ». Dans l'impuissance subite à désigner, le langage est castré en sa transcendance : cette perte d'érectilité induira la nausée devant la racine (« Les mots s'étaient évanouis et, avec eux, la signification des choses », p. 179). *b)* « *Il ne faut rien* », la castration, sous forme de « rature », voue le logos aux tourniquets du paradigme ; « forcer », « forger », le supplément du « rajout » et de la « surcharge » reconduit à la même lacune du signifié sous son signifiant barré. Après la dénotation, la connotation succombe ; après l'axe de la métonymie, l'axe de la métaphore se disjoint. Le langage désaxé prodigue un verbe en folie : ce sera le vertige délirant devant la « petite Lucienne ».

Avec un si

La troisième et ultime lacune qui s'instaure et troue la logique du discours incorpore ou totalise les deux autres : elle est castration du *sens. c)* « *Dans un cas seulement il pourrait être intéressant de tenir un journal : ce serait si.* » De cette phrase, le sens nous échappe à tout jamais. Les deux conditionnels, redoublés du *si* en point d'orgue, interdisent de combler cette béance, la maintiennent ouverte. On peut même dire que cette énigme sans réponse épouse la *forme de la béance.* Féminité secrète du texte, que le phallus herméneutique s'efforce en vain de sonder, proche de ces « brouillards » de la pensée où le moi individué va s'engloutir. A moins que le sens, dérobé, soit simplement déplacé, que sa suspension soit simple suspens. « Dans un cas seulement il pourrait être intéressant de tenir un journal » ? Quel cas ? Mais d'abord, qui écrit un journal ? Nous avons la réponse à la phrase précédente : « Je suis guéri, je renonce à écrire mes impressions au jour le jour, *comme les petites filles,* dans un beau cahier tout neuf » (p. 13-14). Le journal n'est pas seulement un genre ; il *a* un genre, « forme que reçoivent les mots pour indiquer le sexe des êtres » (Larousse *dixit*). En toute logique, si le journal est chose femelle, le seul cas où il serait intéressant d'en tenir un : *ce serait/si j'étais une femme* (remarque qui a été faite, sans être développée, par D. LaCapra dans *A*

Preface to Sartre). A tout le moins, *si j'en devenais une*. Dans l'incomplétude du *si*, c'est *la Nausée* entière qui prend place, en sa double dimension textuelle/sexuelle. Du coup, le « Feuillet sans date » se détache radicalement du « Journal » : s'il est matrice du texte, c'est qu'il en est bien le sexe, le *sexte*, dirait Cixous, *féminin*, que le sexte masculin s'efforce en deux cents pages de remplir et de combler, jusqu'à l'instant de l'extase phallocratique, de la jouissance mâle rassurée : « je comprenais que j'avais trouvé la *clé* de l'Existence, la *clé* de mes Nausées... » (p. 182). Reste à savoir si le sexte féminin a été « comblé », s'il a joui. Si la *clé* ainsi trouvée est l'instrument à ouvrir l'ultime serrure, phallus du discours retrouvé au terme des transes transsexuelles, dans le langage éminemment rassurant de la phallophilosophie :

> mes découvertes... à présent, il me serait facile de les mettre en mots. L'essentiel, c'est la contingence. Je veux dire que, par définition, l'existence n'est pas la nécessité. Exister, c'est *être là*... (p. 184).

Mais ce savant placage de cuistrerie néo-scolastique ne fait peut-être que recouvrir la réalité pressentie, comme la pellicule verdâtre de la mer servait à dissimuler ses monstres. Peut-être la *clé* doit-elle être simplement rangée comme objet contraphobique au magasin des accessoires de la phobie, *pipe, fourchette, loquet,* et autres substituts fantasmatiques, sans oublier le verre de bière *biseauté*.

Feuillet sans date

Dès lors, la matrice du récit engendre, à l'inverse de la madeleine proustienne, un texte dont elle n'est pas simplement séparée, mais radicalement coupée. Castration première et dernière. Ce qu'on a pris pour artifice de narration est une intuition profonde ; ou plutôt, l'intuition profonde se donne dans l'artifice de narration. Si ce qu'on lit sur ce « feuillet sans date » est, en fin de compte, l'écriture même du *timeless*, c'est-à-dire de l'*inconscient,* aucun système de lecture élaboré par la conscience, celui de Freud non moins que celui de Sartre, ne saurait en offrir le déchiffrage complet, ne saurait en saturer les signes. C'est pourquoi le « continent noir » y figure sous forme de « blancs », où s'engouffrera tout le discours de Roquentin, mais aussi toute *la Nausée* de Sartre. Il m'est impossible de m'étendre sur le statut vertigineux de l'entreprise, qui se déconstruit à mesure qu'elle se construit, ou, mieux, se construit de sa déconstruction même : ce « journal », supposé noter les faits « au jour le jour » est un vrai roman, organisé à l'envers, selon sa fin ; mais le roman est un faux roman, dans la mesure où sa fin est une fausse fin qui renvoie à son commencement ; où, plus encore, le « roman », est, en fait, le *journal d'une écriture.* Ou encore là où Roquentin croyait écrire sur sa maladie, celle-ci était en fait déjà profondément maladie de l'écriture. La série des tourniquets s'organise dans la structure fondamentale du bisexe scriptural, dont les postulations contraires ouvrent le livre : « Le mieux serait d'écrire les événements au jour le jour. Tenir un journal pour y voir clair. » Les deux propositions consécutives sont en fait contradictoires. Ecrire *au jour le jour,* c'est écrire *comme les petites filles* (ou encore, lire comme l'Autodidacte, qui a, n'oublions pas, des « cils de femme »), selon l'ordre de la succession passive, qui est celui de la vie. *Vivre ou raconter,* déclare Roquentin à son de trompette (p. 62). Ecrire comme une femme, c'est vivre. Vivre la vie visqueuse de l'écriture, son flux immaîtrisé, sa coulée impérieuse, où s'englue le projet de l'écrivain : la « page réglée », où le « trait rouge de la marge avait déteint », le *Hibou blanc,* autre feuillet sans date avec du blanc, c'est une *dictée.* Raconter, c'est un *diktat.* Le langage se plie, ou plutôt se replie, puisqu'un récit commence par sa fin. Geste d'homme, comme les galets lancés par les gamins, actif dans la nécessité qu'il impose à la contingence des mots comme à l'absurdité des choses, violence originelle qui s'avoue, car elle se sait le prix de la rigueur : « j'ai eu des femmes, je me suis battu avec des types » ; « cette bande d'acier, l'étroite durée de la musique, qui traverse notre temps de part en part et le refuse et le déchire de ses sèches petites pointes ». Il n'en faut pas moins pour *y voir clair*. Mais alors, *tenir un journal pour y voir clair*, n'est-ce pas propos contradictoire, contradiction dans les termes. Qui est contradiction dans les genres. Qui est contradiction dans les sexes. Demande impossible et, pourtant, seule situation possible de l'écrivain et de l'écriture. Cette situation, c'est celle-là même que met exemplairement en scène *la Nausée*. L'homme/femme y produit simultanément, et non sans souffrance — les inévitables « affres » — un phallotexte/gynotexte, un roman/journal, un livre/vie. Une autobiographie. Cette tension insoutenable est la seule permise. L'androgyne qu'est Roquentin écrit donc par la plume de Sartre, autre couple personnage/auteur, un androgynotexte, redoublé, comme en cette séance, de l'accouplement actif/passif, sans cesse inversé, du critique et de sa lecture.

Sartre :
retouches à un autoportrait

Pour Philippe Lejeune
maître ès autobiographie
et Michel Contat
sartrien devant l'Eternel

Sartre par Sartre

« Je ne veux pas être hanté par moi-même jusqu'à la fin de mes jours », déclarait Sartre, en décembre 1939, dans ses *Carnets*. Ce vœu ne sera jamais exaucé, et le fantôme de Sartre, tel le fantôme de Staline, dans son célèbre article, revient hanter son œuvre et nous hanter, au-delà même de la mort. Mais, à la différence de Staline, cette fréquentation posthume reste d'excellente compagnie ; si elle entraîne quelques aménagements ou redressements de la lecture, elle demeure, littérairement, un pur plaisir du texte.

« Sartre par Sartre » forme un corpus volumineux, autobiographie écrite des *Mots,* autobiographie parlée des innombrables interviews, sans oublier le témoignage total, en chair et en os et en paroles, du précieux et long métrage d'Astruc et Contat. A quoi sont venus s'ajouter récemment les « Entretiens avec Simone de Beauvoir » de 1974, publiés dans

la *Cérémonie des adieux* (1981), les *Carnets de la drôle de guerre* et
les *Lettres au Castor* (1983). On ne voit guère d'écrivain qui se
soit autant et si diversement livré.

Pourtant, le geste autobiographique, chez Sartre, n'est pas,
comme chez Amiel, Gide ou Green, une activité continue, mais
sporadique. Ce retour sur soi marque ce que l'auteur appelle les
moments de « conversion », c'est-à-dire de rupture avec les
phases dépassées de l'existence ; l'autodiscours est toujours
examen de conscience (éthique, philosophique), au moment
des grands tournants : passage de l' « introspection proustienne » au « salut existentiel » issu de Spinoza et de Nietzsche
(1922-1925) ; coupure radicale de la guerre en 1939-1940 ;
répudiation de la « littérature » comme « névrose », à la lumière
de l'engagement politique (1953-1963) ; évolution « maoïste »,
puis libertaire, et ultimes prises de positions des dernières
années. Ce qui est particulier à Sartre — mais normal, puisqu'il
est à la fois écrivain et philosophe —, c'est que chaque
« examen de conscience », chaque « retour sur soi » est
contemporain d'une découverte aléthique, de la formulation
d'une nouvelle conceptualité. Bref, chez lui, discours autobiographique et élaboration théorique sont indissociables l'un de
l'autre, parce qu'issus d'un même mouvement de *dévoilement* :

> L'écrivain, selon moi, doit parler du monde tout entier en parlant
> de lui-même tout entier (*Situations,* X, p. 147).

A la limite, on peut postuler une unicité idéale des deux
démarches, dont Sartre n'est pas sans percevoir les dangers
possibles.

> Je n'essaie pas de protéger ma vie après coup par ma philosophie,
> ce qui est salaud, ni de conformer ma vie à ma philosophie, ce qui
> est pédantesque, mais vraiment vie et philo ne font plus qu'un
> (*Lettres,* II, p. 39).

Sujet autobiographique / sujet philosophique

On pourrait dire, en résumé et en principe, que, pour Sartre,
l'autoréférence a ce statut ou cette fonction de désigner le lieu

d'émergence de la vérité (totale : subjective et objective) et le retour de cette vérité, advenue dans la théorie, sur son champ originel ou *Urgrund,* afin de s'y confirmer en une ultime coïncidence du réfléchissant et du réfléchi, qui établit fermement le bien-fondé de la réflexion. Sartre n'innove pas. Sans aller chercher le Socrate des dialogues platoniciens ni le saint Augustin des *Confessions,* le modèle immédiat et, si l'on ose dire, évident, est ici Descartes et son *Discours de la Méthode.*

Si Descartes décide de « faire voir en ce discours quels sont les chemins que j'ai suivis et d'y représenter ma vie comme en un tableau », ce n'est nullement pour se poser en quelconque modèle (« je n'ai jamais présumé que mon esprit fût en rien plus parfait que ceux du commun »), mais pour que le lecteur puisse refaire lui-même le geste de la découverte. La vérité philosophique ne saurait être solipsiste : elle est intersubjective, ou elle n'est pas. Cette intersubjectivité, Descartes la fonde, à son tour, sur une liberté : « la liberté de juger par moi de tous les autres » *(Première Partie)* . Et *vice versa,* naturellement. Loin de s'enclore en une complaisance égotiste, le sujet autobiographique cartésien est généreux ; il n'écrit sur soi que pour mieux partager la vérité avec l'autre. Non par un geste autoritaire, qui administre cette vérité de haut en bas, mais la propose d'homme à homme, comme « chemin », comme itinéraire spirituel, qu'il est loisible à chacun de refaire. A la différence de l'aveu rousseauiste, qui jouit ouvertement de sa différence (« je ne suis fait comme aucun de ceux que j'ai vus »), voire de sa supériorité (« je forme une entreprise qui n'eut jamais d'exemple et dont l'exécution n'aura point d'imitateur »), le récit de vie philosophique se justifie par une parfaite réciprocité des sujets ; le « je » du discours personnel en appelle à des *alter ego,* ou égaux. Et c'est bien cette égalité anti-élitiste, cette démocratie cogitante que retrouve Sartre dans la célèbre conclusion des *Mots :*

Si je range l'impossible Salut au magasin des accessoires, que reste-t-il ? Tout un homme, fait de tous les hommes et qui les vaut tous et que vaut n'importe qui.

Cette belle réciprocité intersubjective est, cependant, faussée par un déséquilibre *intrasubjectif :* les « chemins » que le sujet autobiographique a suivis, le sujet philosophique les produit en sens inverse : il retrace ce parcours existentiel *à partir* des vérités qui s'y sont *déjà* révélées et explicitées et qui, par un inévitable effet d'après-coup, éclairent, balisent, organisent cet itinéraire pseudo-naïf. Ou encore, la « vie », que l'autobiographe prétend « représenter comme en un tableau », elle a reçu d'avance du philosophe son cadre. C'est-à-dire son but et sa perspective. Dans le couple apparemment uni que forment le sujet autobiographique et le sujet philosophique, toute égalité ou réciprocité des instances se trouvent déjouées par le *primat absolu du pôle réflexif sur le pôle vécu.* Le récit de vie à la Sartre (la sienne, ou celle des autres : Baudelaire, Genet, Flaubert) est une variante du récit de cas à la Freud : ce récit, que le sujet naïf est précisément incapable de mener à bien de façon intelligible et complète, le sujet théorique le reprend en main, le retravaille, lui donne enfin la bonne direction, qui est son vrai sens. La narration est en soi une pédagogie cachée : elle n'est pas là pour renseigner, mais pour enseigner. Ainsi, dans son étude désormais classique sur « L'ordre du récit dans *les Mots* de Sartre », Philippe Lejeune a clairement montré comment Sartre philosophe s'était reconstruit en « Poulou », comment il s'était, en quelque sorte, refait une enfance sur mesure philosophique. Qu'il s'agisse de soi ou d'autrui, de la compréhension biographique ou autobiographique, il y a toujours maîtrise impérieuse (impérialiste) du sujet-supposé-savoir sur le sujet spontané, mainmise explicative non seulement sur les sentiments, mais sur les événements de l'existence brute, clarification ultime d'un vécu opaque par la lucidité théorique. Avec cette conséquence inévitable que, *sur le plan de l'écriture,* la posture de l'énonciation récupère, s'approprie toutes les positions et propositions de l'énoncé.

Brouillage posthume

Ce qui s'est passé récemment de passionnant et sur quoi portera notre attention, c'est que ce « jeu du je », non moins

savamment réglé chez Sartre que chez Proust, vient d'être
déréglé, brouillé, bref, remis en cause par l'ensemble des
publications d'outre-tombe mentionné au début. On aurait pu
croire que ces pages retrouvées, ces fragments à la fois nouveaux
et anciens, prendraient simplement leur place historique, dans
le long procès de l'autobiographie sartrienne, qu'ils apporte-
raient quelques traits complémentaires à l'autoportrait, sans en
déranger la belle ordonnance. Or, je crois, c'est l'inverse qui se
produit : une subversion subtile déloge soudain ou déporte la
maîtrise prétendue du discours sur soi, parasite le sens affiché,
y introduit un désarroi aussi imprévu qu'involontaire.

Une remarquable machinerie textuelle se constitue sous nos
yeux. D'abord, avec les *Carnets,* ce que j'appellerai un « intertexte ». Le contenu traditionnel du journal intime (anecdotes
personnelles, choses vues, états d'âme, examens de conscience,
résurgences de mémoire, etc.) est entrelacé de passages proprement philosophiques, où s'élaborent des concepts clés (néant,
liberté, authenticité, etc.). Il ne s'agit nullement d'ajouts
disparates, mais justement d'un *tressage du vécu et du théorisé,* se
produisant l'un l'autre en un mouvement sinon simultané, du
moins *contemporain,* et non pas *rétrospectif,* comme dans le
Discours de la Méthode. C'est un peu comme si l'on avait,
rabattus en un seul texte, *l'Etre et le Néant* et *les Mots.* Nous
assistons à une sorte de genèse existentielle de la théorie, à son
surgissement et à sa constitution dans la vie du théoricien.
Liaison d'autant plus rare et précieuse, que la théorie
s'empresse, pour se sentir indépendante et valide, de trancher
en général ce lien. Le plus illustre précédent serait sans doute ici
l'Interprétation des rêves. Ou, peut-être, chez Sartre même, la
façon dont Roquentin tire de ses bouffées délirantes la substan-
tifique moelle des théories sur l' « absurdité » ou la « contingence ». Mais, dans *la Nausée,* le didactisme se plie au projet
romanesque, qui le contient et le limite. La recherche, dans les
Carnets, se donne libre cours, au fil d'un quotidien improvisé
et imprévisible, lequel, contrairement au pseudo-vécu de la
fiction, n'est pas ordonné d'avance par une intention et qui
demeure, par définition, immaîtrisable.

L' « intertexte » se redouble de ce que l'on pourrait nommer un « contre-texte », en l'occurrence, les *Lettres* : sur une période qui va de novembre 1939 à mars 1940, et quasiment au jour le jour, nous disposons d'une *seconde* version des *mêmes* faits et gestes consignés dans les *Carnets,* et ce, avec des variations minimes ou des écarts hautement significatifs, qu'il nous faudra interroger. Le bel équilibre interne des *Carnets* (destinés à la publication) est fragilisé, contesté ou renversé par un texte jumeau et antithétique (à l'intention de destinataires privés). Si bien que nous assistons à une confrontation inattendue — et cette fois non dirigée, organisée par l'auteur — entre le « sujet philosophique » et le « sujet autobiographique ». Désormais, la « vérité » n'est plus énoncée et installée en un texte privilégié ; elle s'éparpille, se répartit entre les textes. Plus exactement, elle se joue (ou se noue) à leur jointure, s'expose à leur entrecroisement, se donne dans leur interface. En somme, le lieu du vrai est *l'entre-deux*. On verra que ce n'est pas tout à fait par hasard qu'est appelé ici un terme à connotation sexuelle.

Un exemple approprié

Toute notre analyse tournera donc autour de cette déclaration de Sartre, déjà citée et essentielle à notre propos :

Vraiment vie et philo ne font plus qu'un (*Lettres,* II, p. 39).

Unité qui ne va point sans quelque ambiguïté, univocité qui n'est pas, et Sartre est le premier à s'en rendre compte, sans équivoque. Ne pouvant, dans les limites de ce travail, suivre cette proposition fondamentale à travers les méandres infinis d'un jaillissement d'écriture torrentiel, je choisirai d'examiner un exemple. C'est, je crois, un exemple approprié : celui de *l'appropriation*. Notion dont Sartre entreprend l'étude rigoureuse et détaillée dans ses *Carnets* (p. 292 sqq.) et, si l'on peut dire, *catégorie-miroir*. Elle renvoie au sujet autobiographique le geste même par lequel, ressaisissant en une totalisation cohérente le sens d'une vie, il la reprend et la récupère. Geste que redouble, à un niveau abstrait, celui du sujet théorique qui, à son tour, fondant en vérité, en raison démonstrative, l'histoire d'un Moi singulier, l'assimile et le digère dans le système. Pour l'écrivain intimiste, par le biais de la notation ou de l'examen, comme pour le penseur universel, au moyen d'une instrumentalité conceptuelle, *comprendre,* c'est toujours *s'approprier.* Mais cette compréhension n'est qu'un cas particulier d'un désir de préhension plus vaste ; il est lié, en fait, à la nature même du *désir* et du rapport au monde que celui-ci institue :

> tout désir particulier est une spécification du désir du monde... Désirer un objet c'est désirer le monde en la personne de cet objet. A présent, que désire-t-on de l'objet ? On désire se l'*approprier.* Qu'est-ce donc que l'appropriation ? (p. 292).

Voici qu'en ce *Vendredi 23 février* (1940), au cœur des *Carnets,* le soldat-philosophe de la « drôle de guerre » lance lui-même la « drôle de question », celle qu'était sans doute pour Œdipe l'énigme du Sphinx, et que nous relancerons à sa suite.

Accompagnons-le pas à pas. Il commence par renvoyer dos à dos idéalisme et réalisme traditionnels : « Une substance ne peut s'approprier une autre substance. L'appropriation a un tout autre sens que le sens physique » *(ibid.).* Serait-ce alors le droit d'usage défini par la « propriété » » ? Ce sens juridique abstrait ne règle pas la question. Par contre, les formes de possession magique peuvent guider la réflexion :

> la propriété est le prolongement du pour-soi dans l'en-soi. *S'approprier quelque chose, c'est exister dans cette chose sur le mode de l'en-soi* (p. 294).

La définition de l'appropriation renvoie donc à un mode symbolique d'existence pour un sujet : « Ceci nous amène à l'origine du symbole, dont je parlerai demain. » *(ibid)* Notation importante, et qui rappelle qu'il s'agit bien d'un *journal,* dont la datation même ancre la réflexion généralisante dans le flux d'un quotidien singulier.

Ce quotidien fait d'ailleurs curieusement retour, après trois

129

pages d'analyses philosophiques serrées, sous forme d'une entrée personnelle, voire intime :

> Ce que reflète mal ce carnet-ci (à partir du 20 février) c'est l'état d'énervement et d'angoisse où je suis à propos de quelque chose qui va très mal là-bas, à Paris... Aujourd'hui la cause est difficile mais je ne suis pas coupable. Et puis je tiens à T. comme à la prunelle de mes yeux...
> T. me voit en ce moment comme un bouc obscène. Ça me fait le même effet de scandale que quand je voyais moi, sur les nombreux récits de ceux qui le connaissaient, Jules Romains comme un ladre. J'ai devant moi, comme devant lui, cette même impression d'un défaut injustifiable mais qui est dépassé de toute part par la liberté. Je me fais un peu horreur, quoique je sache que ce reproche n'est pas bien juste, et je veux changer (*Carnets*, p. 295).

Le contraste est saisissant, la rupture de ton frappante, entre le discours du dialecticien assuré en sa maîtrise conceptuelle et celui de l' « homme », empêtré dans la plus pure mauvaise foi. Car si le « reproche » n'est pas juste, pourquoi « se faire horreur » ? Si l'on n'est pas « coupable », pourquoi donc vouloir « changer » ? Et comme la « liberté » vient à point nommé « dépasser » de toute part « un défaut injustifiable » ! Lequel, au fait ? Et de quoi s'agit-il en ce mystérieux embrouillamini qui fait suite à une démonstration limpide ? « T. me voit en ce moment comme un bouc obscène. »

Diantre ! Mais qu'est-ce qu'un « bouc obscène » ? Sartre ne le dit pas. Il ne nous livre qu'une amorce, comme il ne nous donne que l'initiale de « T. » Discrétion oblige. Nous voilà de retour aux dissimulations chiffrées, aux ruses retorses de l'écriture intimiste (ô Stendhal !). Mais de l'écriture, personne n'est maître. Le secret de cette affaire ténébreuse est celui de polichinelle : « je tiens à T. comme à la prunelle de mes yeux ». A la bonne heure : tenir à quelqu'un, c'est vouloir à tout prix garder pour soi ; garder pour soi, bien sûr, c'est une façon de s'approprier. De quoi était-il question dans l'analyse philosophique ? De l'appropriation, justement. « Comme c'est curieux ! Quelle bizarre coïncidence ! », dirait Ionesco. Mais

revenons en arrière, reprenons la démonstration théorique :
« S'approprier quelque chose c'est exister dans cette chose sur
le mode de l'en-soi. » Le texte ajoute aussitôt :

> (Le cas de la possession d'une personne aimée est plus compliqué
> mais nous le laisserons volontairement de côté, car il n'est pas
> premier) (p. 294).

Mais si cette mise entre parenthèse était une simple
dénégation ? Si ce qui est bien « premier », en ce *Vendredi 23
février,* est le cas de la possession d'une personne aimée :
évidemment, si on « tient » à une personne, elle vous tient !
Rappelons que la « magie » devait « guider » la réflexion
philosophique (p. 293). L'exemple le plus longuement déve-
loppé, sur plus de vingt lignes, est celui de l' « homme » et de
la « femme » possédés. De la femme, on est aisément
débarrassé :

> La coutume de brûler les veuves malabraises, bien que barbare en
> ses résultats, s'entend fort bien dans son principe. La femme a été
> *possédée.* Elle fait donc partie du mort, elle est morte en droit, il
> n'y a plus qu'à l'aider à mourir (p. 293).

La femme, une fois possédée, « fait partie de l'homme » :
voilà qui est rassurant ; mais l'homme à son tour, peut être
possédé : « il est lui-même donné comme *appartenant à...* »
(p. 293). L'homme possédé est, en fait, un homme dépossédé
de soi, — notamment s'il « tient comme à la prunelle de ses
yeux » à quelqu'un, « là-bas », qui lui échappe... Il ne s'agit,
d'ailleurs, pas seulement d'un phénomène psychique, mais
physique : « Je constate qu'on dit d'un homme que c'est un
possédé lorsque les démons sont en son corps » *(ibid.).*
L'incarnation démoniaque transforme donc l'être humain en
une sorte de satyre dionysiaque : de là, évidemment, à « le voir
en bouc obscène »...
A une lecture attentive, les deux entrées du carnet, qui
semblaient se succéder sans autre rapport que de pure
contiguïté, se recoupent et se redoublent ; apparemment sépa-

rées, sur le plan de l'énoncé (analyse philosphique, aveu personnel) comme sur celui de l'énonciation (discursivité abstraite, notation intimiste), elles sont reliées, « tressées » par une torsion secrète du fil de l'écriture. L'examen conceptuel est entièrement appuyé, modelé sur l'expérience, Sartre dirait l'*Erlebnis* passionnel qui le sous-tend ; l'examen de conscience est clos par la conceptualité ainsi constituée : défaut-dépassé-par-la-liberté. Le développement, linéaire en sa surface, est, en réalité, circulaire : le problème (majeur) qui se pose alors est de savoir si ce cercle est vicieux.

Portrait de l'artiste en « être de vent »

Samedi 24 : voici le philosophe fidèle au rendez-vous promis la veille :

> J'ai essayé de montrer hier que le sens de l'appropriation était une structure essentielle de l'homme... Mais si cela était vrai, comment expliquer que moi qui écris ces lignes, je n'ai pas le sens de la propriété ? Et d'abord, est-ce que je ne l'ai pas ? (p. 296).

Nous sommes à un moment capital du texte, face à un nœud essentiel de sa texture. Nous assistons, en effet, à la confrontation aiguë du sujet autobiographique et du sujet philosophique : un inquiétant paradoxe se dessine. Le premier ferait-il acte de rébellion par rapport au primat assumé et affirmé du second ? Les assises mêmes de l'entreprise sartrienne en seraient ébranlées. Du coup, Sartre (Jean-Paul, avec ses particularités, ses manies, ses humeurs) va comparaître devant Sartre (théoricien de l'appropriation), comme exception apparente ou énigme (un homme qui n'a pas le sens de la propriété, alors qu'il vient d'être théoriquement posé que le sens de l'appropriation définit l'homme). L'autoanalyse va donc tout naturellement constituer la pierre de touche de l'analyse théorique. Et son rôle est non moins clair : faire rentrer l'individu Sartre dans le rang et dissiper la fausse énigme.

Le diariste note 1) son manque de respect pour la propriété

d'autrui — il lui est arrivé de voler (p. 296-97); 2) son désintérêt total pour l'argent, qu'il aime dépenser, sans le monnayer en possessions : « j'aime le voir s'évanouir en fumée et je suis dépaysé devant les objets qu'il procure. Jamais je n'ai rien eu à moi... » (p. 300) ; 3) ce refus personnel s'accompagne du désir de faire posséder aux autres, sous forme de cadeaux, par « un certain goût impérialiste d'agir sur autrui : « j'ai un peu de cette joie morose et solitaire du voyeur » (p. 302). 4) Essai d'explication sociologique : « je suis issu d'un milieu de fonctionnaires » (p. 303). L'argent y arrive comme naturelle-ment, à la fin de chaque mois : « personne ne possédait rien, chez nous, ni terre ni biens. Un appartement loué et c'est tout ». Même les livres ne font l'objet d'aucun désir de possession : « pour moi un livre lu est un cadavre. Il n'y a plus qu'à le jeter) (p. 305). Ce parcours autobiographique s'achève sur un autoportrait de Sartre en Roquentin : « Au Havre, je réalisais le maximum de collectivisation, couchant à l'hôtel, partageant mes jours entre le café Guillaume Tell et la Bibliothèque municipale » *(ibid.)*.

C'est alors que Sartre philosophe reprend l'autre Sartre en main :

> Mais pour trouver la véritable explication il faut malgré tout en venir à cet être-dans-le-monde qui chez moi comme chez tout homme dépasse vers la solitude sa situation historique (p. 305).

Déjà, il avait noté : « je n'ai pas de *racines* » (p. 303) — ce qui n'est peut-être pas sans lien avec le fait que c'est justement devant la fameuse « racine » que Roquentin éprouve son ultime Nausée. Ce déracinement implique un certain rapport à l'être :

> Je ne désire point posséder, tout d'abord, par orgueil métaphysi-que. Je me suffis, dans la solitude néantisante du pour-soi... Je ne suis à l'aise que dans la liberté, échappant aux objets, échappant à moi-même ; je ne suis à l'aise que dans le Néant, je suis un vrai néant ivre d'orgueil et translucide (p. 306).

Ce refus de la possession n'est que l'envers d'un désir de possession radical :

Aussi est-ce le monde que je veux posséder. Mais sans substitut symbolique. Cela est affaire d'orgueil également... Je suis, moi individu, en face de la totalité du monde et c'est cette totalité que je veux posséder *(ibid.)*.

Le projet philosophique lui-même se donne comme l'autre face d'un trait caractériel (« orgueil », autosuffisance) :

Mais cette possession est d'un type spécial : je veux le posséder en tant que *connaissance*. Mon ambition est de connaître à moi tout seul le monde, non dans ses détails (science), mais comme totalité (métaphysique). Et pour moi la connaissance a un sens magique d'appropriation *(ibid.)*.

La boucle est ainsi bouclée. Nous retrouvons, en quelque sorte, à l'échelle de l'entreprise systématique de compréhension, le « cercle » que nous avions repéré dans un fragment singulier. On passerait d'une circularité restreinte à une circularité généralisée. La vie entière de Sartre se produit synthétiquement sous nos yeux comme désir d'appropriation du monde par la réflexion philosophique, tandis que, simultanément et inversement, la réflexion philosophique de Sartre, retournant la notion d'appropriation sur tel ou tel aspect de sa vie, en analyse en détail les conduites. On toucherait à ce point idéal que postulait Sartre d'emblée : « Vraiment vie et philo ne font plus qu'un ». Là où Descartes était obligé de situer rétrospectivement le surgissement du Cogito comme épisode daté de son histoire personnelle (début de la Quatrième Partie du *Discours*), Sartre ferait ici coïncider, en une instantanée fulgurance, le vécu et le théorique, le réfléchissant et le réfléchi, le support existentiel de sa pensée et la pensée de tout support existentiel.

Les choses ne sont pas si simples. Une faille vient constamment se glisser entre sujet de l'existence et sujet de la philosophie, censés ne faire plus qu'un. Le second n'a de cesse, au cours des *Carnets,* qu'il ne dénonce l'*inauthenticité* du premier. C'est là où Sartre et son double Roquentin se séparent. Quand Roquentin, en effet, déclare : « je comprenais que j'avais trouvé la clé de l'Existence, la clé de mes Nausées, de ma propre vie », il ne jette pas pour autant le discrédit sur sa pathologie passée ; celle-ci, au contraire, a été le *révélateur,* le *catalyseur* de la vérité. Si l'on veut, chez Roquentin, c'est-à-dire chez le Sartre imaginaire, « vie et philo ne font qu'un ». Malheureusement, ce n'est pas le cas pour le Sartre réel :

> C'est vrai, je ne suis pas authentique. Tout ce que je sens, avant même que de le sentir, je sais que je le sens. Et je ne le sens plus qu'à moitié, alors, tout occupé à le définir et à le penser... Je n'ai pas eu la Nausée, je ne suis pas authentique, je suis arrêté au seuil des terres promises. Mais du moins je les indique et les autres pourront y aller. Je suis un indicateur, c'est mon rôle (p. 82).

Ce passage, remarquable par la violence de l'autoanalyse, et qui demanderait à être lu intégralement, déboute le sujet théorique de ses prétentions à la maîtrise du sens (à demi fabriqué, fictif, au lieu d'être pleinement vécu) ; plus exactement, il ébranle la *position morale de la théorie :*

> Il me semble qu'en ce moment je me saisis dans ma structure la plus essentielle, dans cette espèce d'âpreté désolée à me voir sentir, à me voir souffrir, non pour me connaître moi-même, mais pour connaître toutes les « natures », la souffrance, la jouissance, l'être-dans-le-monde. C'est bien *moi,* ce redoublement continuel et réflexif, cette précipitation avide à tirer partie de moi-même, ce regard... Je ne suis qu'orgueil et lucidité (p. 82-83).

La « lucidité » (connaissance philosophique) est le prix de cet « orgueil » (attitude supérieure d'un moi). Le *moi* que saisit ici Sartre n'est nullement son moi empirique, c'est, si l'on peut dire, son *moi philosophique,* condamné à exploiter l'autre. Car l'attitude philosophique, telle que Sartre la présente ici, est un curieux cas d' « exploitation de l'homme par l'homme ». Le « philosophe » tire une plus-value de sens d'un labeur auquel précisément il se dérobe ! Afin d'aboutir à la « translucidité totale », Sartre écrit, en une formule saisissante : « je traite mes sentiments comme des idées » (p. 331). C'est dire qu'il les appauvrit et qu'il les vole. Ce n'est certes pas au phénoménologue qu'il faut rappeler qu'un sentiment n'est pas une idée, et que le traiter comme tel, c'est le falsifier. La falsification tient-elle a un défaut personnel du philosophe ou à un défaut fondamental de la philosophie ? Question troublante, à laquelle Sartre n'apporte pas de réponse nette.

Devrons-nous conclure à sa place, et s'il a pu dire que « tout art est déloyal », dirons-nous que toute philosophie l'est aussi ? Essayons de reformuler cette retorse dialectique, que Sartre expose à nu dans ce laboratoire intime. L'inauthenticité de l' « homme » (supérieur et extérieur à tout, surtout à lui-même) est nécessaire à l'authenticité du « penseur », puisqu'en fin de compte, elle génère l'instrumentalité conceptuelle. Il faut ruser avec soi, ressentir sans trop éprouver, prendre ses propres sentiments au piège, s'y prêter sans s'y donner, bref, tricher, si l'on veut saisir les « natures » et les « essences ». Mais comment comprendre totalement une expérience à laquelle on n'adhère qu'à demi ou au tiers ? Le *jeu* ici de la philosophie rappelle exactement celui que décrira dans *l'Etre et le Néant* l'auteur, sous les espèces de la *mauvaise foi :* le fameux « garçon de café » qui joue à *être* garçon de café, comme Sartre, dans les *Carnets,* joue à *être* amoureux ou jaloux de T., pour dégager le principe de l'amour et de la jalousie. Cette mauvaise foi ultime, personne ne l'analyse mieux que Sartre :

> il régnait dans mon esprit une clarté impitoyable, c'était une salle d'opération... Et pourtant, comme l'intimité ne se laisse jamais complètement expulser, il y avait tout de même... une espèce de mauvaise foi qui était bien à moi, qui était moi, non pas tant dans le fait de garder des secrets que plutôt dans une certaine manière de m'évader de cette sincérité même et de ne pas m'y donner. Si l'on veut, en un sens j'étais tout à fait dans le coup et en un autre sens je m'en échappais en me *voyant* être dans le coup... (p. 329).

Clarté/intimité : en ce couple d'opposés, entre lesquels l'entreprise entière des *Carnets* se trouve prise, on peut certes dire que l'intimité est ce fonds d'être qui se dérobe toujours à la clarté. Mais, la suite du texte le montre, on peut aussi bien dire que la clarté est, à son tour, une forme de fuite devant les dangers de l'intimité. Dans cette perspective, l'acte réflexif même peut devenir une échappatoire, un moyen de « s'évader » de soi en se survolant. En déliant le sujet théorique de ses attaches et attachements qui l'enracinent dans le sujet existentiel, la stratégie réflexive le met, comme dit Sartre, « hors du coup », c'est-à-dire hors d'atteinte, c'est-à-dire encore le maintient au poste de commandement suprême. Mais la posture est imposture ; le recul réflexif, reculade. Le pôle théorique ne jouit d'aucun statut d'exterritorialité ; il ne constitue ni un abri ni un alibi. Or, c'est bien ce statut ambigu que se donne Sartre, résumant à trente-quatre ans son autoportrait en « être de vent » :

> Me voilà « en l'air », sans aucune attache... Je ne suis solidaire de rien, pas même de moi-même ; je n'ai besoin de personne ni de rien... Il faut être fait d'argile et je le suis de vent (p. 356-56).

Une question déplacée

La question fondamentale que présente la trame même des *Carnets,* en tant qu'ils unissent texte intime et texte philosophique, me paraît donc celle-ci : la *rationalité,* qui se propose à partir de l'examen de mon existence, n'est-elle qu'une *rationalisation,* que mon existence m'impose ? Cette question, que la plupart des penseurs évitent prudemment de confronter, c'est, je crois, l'immense mérite, l'intrépidité juvénile de Sartre, de l'exhiber sous nos yeux, crûment, avec une franchise exemplaire. Dans *l'Etre et le Néant* et, à plus forte raison, dans la *Critique,* il reviendra à l'impersonnalité traditionnelle du sujet philosophique. Mais si, en droit, la philosophie elle-même est bien ce désir d'appropriation totale du monde, que décrit parfaitement Sartre, que peut faire d'autre le philosophe que *théoriser à l'infini son désir dans son discours ?* L. Goldmann soulignait que, dans le domaine des sciences humaines, il y a toujours coïncidence partielle du sujet et de l'objet de la connaissance. Recoupement et chevauchement de la théorie et de l'existence sont dès lors inévitables : lorsque Freud, au terme du chapitre II de *l'Interprétation des rêves,* déclare que « tout rêve est un accomplissement de désir », il est évident que le désir qui se donne en premier lieu dans cette formule est celui du théoricien du rêve! Même dans les sciences exactes, il ne serait sans doute pas exagérément difficile de montrer que le théoricien pense être vrai ce qu'il désire être vrai. Seulement, bien sûr, si la pensée scientifique ou « sublimée » reste sous la coupe du principe de plaisir, la connaissance n'est possible que confrontée au « principe de réalité » et rectifiée par l' « épreuve de réalité ». La « mauvaise foi » de l'attitude philosophique est, si l'on peut dire, de bonne foi, dans la mesure où péché avoué est à demi pardonné : le pseudo-détachement de soi et du monde est un *moment,* nécessaire à la saisie du monde et de soi, qui appelle sa *correction.* D'où la litanie des « je veux changer », « il faut changer », qui ponctue les analyses successives des *Carnets* de Sartre :

> Ce que j'ai compris c'est que la liberté n'est pas du tout le détachement stoïque des amours et des biens. Elle suppose au contraire un enracinement profond dans le monde et on est libre *par-delà* cet enracinement... (p. 356).

Enracinement qui implique que l'authentique philosopher ne sera plus désormais une simple façon de penser, mais une manière de vivre. *Par-delà* donc le Sartre/Roquentin se profile le futur apôtre de l' « engagement ». Seule, une nouvelle praxis échappant à la solitude truquée de l'acte réflexif ouvrira à la réflexion de nouvelles voies. En conclusion, dans le texte double des *Carnets,* s'il y a intrication, imbrication des deux parties, si l'écriture se love et se replie sur elle-même, il n'y a point duplicité. La circularité est ici un processus incontournable, qui tient à la nature du *sujet.* Rappelons-nous ce que dit judicieusement M. Smith à la fin de *la Cantatrice chauve :* « Prenez un cercle, caressez-le, il deviendra vicieux ! » Le cercle herméneutique, lui aussi, n'est vicieux qu'à partir du moment où on le caresse.

Le malheur, c'est que, tout en dénonçant sa « mauvaise foi », Sartre la choie. Il la choisit. Et s'il la cultive, c'est qu'elle le protège. « Je n'essaie pas de protéger ma vie après coup par ma philosophie », disait-il. Non, il ne la protège pas « après coup », mais *dans le coup,* si l'on peut dire, tandis qu'il va, pour lui et pour nous, philosophant... En fait, la problématique de la phénoménologie, qu'il feint de traiter comme dilemme purement *interne* du sujet (comment être et observer, adhérer et viser des essences) sert à contourner ou détourner la vraie question, qui est justement *l'ailleurs :* « là-bas à Paris » (p. 295). C'est-à-dire, encore, que l'analyse de la dimension de l'*intimité* comme rapport de soi à soi (résolu par une impitoyable « clarté ») occulte sa véritable et plus insoutenable dimension comme *relation opaque et aliénante à l'Autre.* « Orgueil », « lucidité », « froideur », — ces traits avec lesquels Sartre construit inlassablement son autoportrait, il nous les donne pour la rançon, en quelque sorte, de sa démarche philosophique :

> Je ne suis à l'aise que dans la liberté... Je me suffis dans la solitude néantisante du pour-soi... Je n'ai besoin de personne ni de rien... etc.

Mais si justement la démarche philosophique fonctionnait comme un *leurre narcissique* (couvrant et compensant l'humiliation de l'ego aliéné) ? Si le « je me suffis », proclamé haut et fort, glissait vers la simple *suffisance ?* Celle-ci, à son tour, masquant, par son insistance dénégation, une *fondamentale insuffisance ?* Si bien que la « théorie de l'appropriation » ne serait, au bout du compte, qu'un discours de l'*amour-propre,* dont La Rochefoucauld, vieille bête noire de Sartre, nous rappelle une caractéristique retorse : « pourvu qu'il soit, il veut bien être son propre ennemi ».

Anti-portrait de l'artiste en « bouc obscène »

Les *Carnets,* malgré la prétention réitérée à une « sincérité totale », à une « clarté impitoyable », malgré leur volonté avouée de constituer un « portrait en pied », où il « se donne tout entier » (p. 175), comportent néanmoins, pour Sartre, une restriction ou élision essentielle : l'*intimité.*

Ce journal est sans humilité — et puis, comme je l'ai noté quelque part, il est sans intimité (p. 91).

Pour personnels qu'ils soient, ces carnets ne sont point « intimes », du simple fait, sans doute, qu'ils étaient destinés à une éventuelle publication. La destination d'un texte lui impose des réticences :

> Ce qui m'arrive vient de là-bas, de Paris, et je ne puis en parler ici (p. 310).

Mais « comme l'intimité ne se laisse jamais complètement expulser » (p. 329), elle reparaît immanquablement à un endroit ou à un autre ; et ce retour du réel dans l'écriture, du « là-bas » dans l'ici du texte, nous l'avons rencontré, logé au cœur du long développement sur l' « appropriation » :

> T. me voit en ce moment comme un bouc obscène (p. 295).

Ce qui avait d'abord retenu notre attention, c'étaient les jeux scripturaux, les effets de miroir (et d'aveuglement) entre les deux registres, apparemment distincts, de l'exégèse théorique et de la notation intimiste. Il s'agit de revenir maintenant sur ce texte, et, par un nouveau « tour de spirale », dirait Sartre, d'en dégager des implications nouvelles, et peut-être encore plus frappantes.

Une zone d'ombre s'étend à travers ce journal, qui, par ailleurs, aborde tous les sujets possibles : anecdotes de la vie militaire, croquis pris sur le vif des « acolytes », réflexions historiques, notes de lecture, souvenirs personnels et familiaux, autoanalyse, élaboration philosophique, méditation éthique, que sais-je encore. Curieusement, tout comme dans *les Mots,* le domaine de la sexualité (de *sa* sexualité) est le grand absent des *Carnets.* Sartre s'en expliquera bien plus tard, dans son « Autoportrait à soixante-dix ans », pressé par M. Contat :

> ... *vous n'aviez fait que mentir.* — Non, pas mentir, mais dire ce qui n'est qu'à moitié vrai, qu'au quart vrai... Par exemple, je n'ai pas décrit les rapports sexuels et érotiques de ma vie. Je ne vois

d'ailleurs pas de raisons pour le faire, sinon dans une autre société où tout le monde jouerait cartes sur table (*Situations*, X, p. 146).

Dérobade évidente. Est-il un seul domaine où chacun joue « cartes sur table » ? Je me ferai le malin plaisir de citer une fois de plus La Rochefoucauld : « Tout le monde se plaint de sa mémoire, et personne ne se plaint de son jugement. » Il y a belle lurette que la sexualité n'est plus un tabou, et si elle le reste partiellement, eh bien, quel plaisir, quel panache, que de le transgresser ! Sartre, si agressif sur tous les fronts, est ici d'une bien suspecte réserve. D'autant plus qu'il est quand même, à l'époque, l'auteur du *Mur* ! Heureusement (sinon pour lui, du moins pour nous), cette omission ou cette lacune est comblée par ce que j'avais appelé précédemment le « contre-texte », en l'occurrence, les *Lettres* : désormais, le *destinataire du texte* change, du « public bourgeois hypocrite », qui ne met pas cartes ou sexe sur table, au *Castor* et à *quelques autres,* avec lesquelles justement il y va de sa sexualité, où elle est radicalement en question, où elle fait question et exige une réponse (érotique, éthique, pratique). Malgré les coupures avouées de cette publication posthume, ce témoignage suffit amplement à modifier le « portrait en pied » que Sartre entendait donner de lui-même : l'homme « en l'air », sans attaches, l'être de vent se transforme sous nos yeux en satyre.

C'est là que l'étonnante machinerie textuelle, constituée par ces publications croisées, se met pleinement à fonctionner. A la date du *23 février 1940,* les *Carnets* nous offrent cette analyse de l'appropriation, que nous avons nous-même analysée et qui contient l'allusion, sous forme de dénégation, au « bouc obscène ». Le *samedi 24,* l'analyse se poursuit, l'allusion disparaît, — sauf que « les rues ont une drôle d'odeur femelle ce matin » (p. 296). Or, à cette même date du *24 février 1940,* nous disposons d'une longue lettre à Simone de Beauvoir où l'*odor di femmina* va envahir l'existence entière de Sartre — texte d'une étonnante *puanteur* ! Laquelle n'est autre, naturellement, que celle du « bouc obscène », qui va faire sa réapparition le lendemain du jour où il a été évoqué dans les *Carnets,* mais dans toute sa nudité cette fois, sans dénégation ni alibi. Finis, le « défaut injustifiable mais qui est dépassé de toute part par la liberté », le « je me fais un peu horreur, quoique je sache que ce reproche n'est pas bien juste » :

> je suis dégoûté de moi très profondément. Vous savez que ça m'arrive assez rarement... je juge mes rapports avec Martine Bourdin ignobles... Qu'avais-je besoin de cette fille ? N'était-ce pas pour faire le Don Juan de village ?... Ici ce que j'accuse ce n'est pas tant celui que je fus avec elle mais mon personnage sexuel en général... *(Lettres au Castor,* II, p. 92-93, *passim).*

Sans pouvoir entrer dans tous les détails croustilleux de l' « affaire Martine Bourdin » (cette étudiante en philosophie qui réalisa un beau triplé, puisqu'elle fut courtisée par Jean Wahl et Merleau-Ponty, pour être finalement séduite par Sartre, et qui se vengera de celui-ci en découvrant le pot-aux-roses à Tania, dont Sartre est très amoureux), ce qui frappe, c'est l'*écart absolu* entre l'entrée du diariste et l'aveu de l'épistolier ; ou encore, l'extraordinaire différence entre le personnage du « soldat-philosophe », patiemment construit dans les *Carnets,* et le « personnage sexuel en général », qui se dévoile subitement dans les *Lettres !* Il ne suffit pas d'invoquer ici l'évidente distinction entre confession destinée à un public et aveu privé. Le « droit à la différence » n'inclut pas, je pense, le retournement de veste, l'altération ou l'altérité radicales... Car ce n'est nullement, ou principalement, pour ses péchés érotiques que j'incriminerai le « personnage sexuel » de Sartre : je lui laisse à lui-même ce soin ! C'est pour son *péché philosophique.*

Jeux et enjeux de la sexualité ·

Mais quel est donc ce « personnage sexuel en général » ? Notons que l' « affaire Bourdin » est donnée comme un cas particulier, ou particulièrement révélateur, d'une attitude habituelle. « Don Juan de village » ? Tel serait ce personnage de conquérant au petit pied, qui n'a pas même, à l'inverse de Casanova, la justification d'une puissante nature : « Et si vous m'excusez par la sensualité, disons d'abord que je n'en ai pas... » (*op. cit.*, p. 93). Un peu plus loin, Sartre revient sur ce Don Juan qu'il est ou croit être, pour en préciser les traits :

> je me sens tout profondément et sincèrement un salaud. Et un salaud de petite envergure, par dessus le marché, une espèce de sadique universitaire et de Don Juan fonctionnaire à faire vomir (p. 94).

« Universitaire », « fonctionnaire » : c'étaient les catégories sociologiques qui, la veille, on s'en souvient, servaient à Sartre dans les *Carnets* à expliquer en partie son manque du sens de la propriété, son rapport curieux au désir d'appropriation. Le Don Juan de Molière était « un épouseur à toutes mains », transgressant joyeusement les tabous moraux, culturels, idéologiques de son époque par l'exercice du sacrilège religieux. Après avoir été « grand seigneur méchant homme », le voilà démocratisé : universitaire et fonctionnaire ! Mais qu'est-ce à dire, et quel lien peut-il bien subsister entre les deux « personnages » ? Voici que revient le mot clé :

> N'allez pas imaginer des bacchanales, il n'y a rien eu que je ne vous aie dit. Mais c'est l'atmosphère de canaillerie sadique qui ressuscite aujourd'hui et qui m'écœure (p. 93).

Son « sadisme » : voilà ce qui « dégoûte » Sartre de lui-même, ce qui l' « écœure ». Mais encore, comment faut-il entendre ce terme ? Puisque « Don Juan » il y a, s'agit-il des dispositions perverses du héros moliéresque, qui ne peut supporter de voir le bonheur d'autrui (« je ne pus souffrir de les voir si bien ensemble ; le dépit alarma mes désirs, et je me figurai un plaisir extrême à pouvoir troubler leur intelligence, et rompre cet attachement... » *Dom Juan*, I, 2) ? S'agit-il de ce que l'on appelait au XVIIᵉ siècle une « joie maligne » ? Ce n'est nullement d'avoir rompu l' « attachement » de Merleau-Ponty à Martine Bourdin qui fait le plaisir de Sartre. Son « sadisme » est plus terre à terre, ou corps à corps ; il concerne ses habitudes sexuelles au sens le plus littéral :

Il me semble que jusqu'ici je me suis conduit en enfant vicieux dans les rapports physiques avec les gens. Je connais peu de femmes que je n'ai gênées de ce point de vue (sauf précisément T. ce qui est comique). Vous-même, mon petit Castor, pour qui je n'ai jamais eu que du respect, je vous ai bien souvent gênée, surtout les premiers temps, et vous m'avez un peu bien trouvé *obscène*. Non pas un *bouc*, certes. Cela je suis sûr de ne pas l'être. Mais *obscène simplement* (p. 93, souligné par nous).

Le « bouc obscène » des *Carnets*, en date du 23-2, reparaît donc dans les *Lettres*, en date du 24-2, non pas, comme nous l'avons écrit un peu vite, sans déguisement ni dénégation, mais avec un étrange *déplacement du déni :* « obscène, oui ; mais bouc, ah, ça non ! » Pour qui chercherait dans la correspondance la « vérité vraie », il faut avouer que nous ne sommes guère plus avancés.

Car si l'expression « bouc obscène » posait déjà quelques problèmes interprétatifs, « obscène-mais-pas-bouc » devient franchement un puzzle ! « Le bouc est le symbole de la luxure », déclare le *Robert,* qui donne aussitôt cet exemple : « lascif comme un bouc ». Justement, Sartre ne saurait être « lascif », puisqu'il vient de nous dire qu'il n'a pas de « sensualité ». Donc il n'est pas-bouc. Sans être Freud, on peut quand même se douter que des conduites sexuelles « sadiques » ne dénotent pas une absence, mais une forme particulière, les psychiatres diraient perverse, de *sensualité*. Le « personnage sexuel en général » a, simplement, des goûts très particuliers. Il est frappant, à parcourir les divers récits que Sartre fait à S. de Beauvoir de ses aventures amoureuses (la relation Sartre-Beauvoir ou Valmont-Merteuil ferait ici à elle seule l'objet d'une étude) que l'acte sexuel dit « normal » n'a, pour lui, que peu d'intérêt, comme pour Roquentin :

> *Gégé.* — Je l'ai embrassée sur la joue, elle m'a embrassé sur la bouche. Je lui ai ôté son corsage, elle a ôté sa robe et son pantalon. J'ai couché avec elle (p. 136).

Cette sexualité dite encore « génitale » s'accompagne d'un certain dégoût :

Martine. — Elle était charmante, au buffet de la gare de l'Est, toute rayonnante et disant : « Je suis heureuse »... Le soir en rentrant j'ai trouvé un peu de sang sur mes draps (p. 200).

Tania. — Ce matin pour la première fois j'ai couché avec elle... il faut que je l'aime comme je l'aime pour faire cette besogne sordide (p. 239).

Nous avons simplifié ces textes, mais c'est bien cela qu'ils disent : « *coucher,* ce sont les femmes qui aiment ça et qui veulent, moi, je fais ça pour leur faire plaisir. Et, croyez-moi, ce n'est pas toujours drôle. » Mais alors, qu'est-ce qui est drôle ? Qu'est-ce qui fait plaisir ? Sartre s'en est plus tard expliqué franchement (croit-il) dans ses « Entretiens » de 1974 avec S. de Beauvoir :

Les rapports sexuels avec les femmes, c'était obligé parce que les rapports classiques impliquaient ces rapports-là à un moment donné. Mais je n'y attachais pas une telle importance. Et, à proprement parler, ça ne m'intéressait pas autant que les caresses (*La cérémonie des adieux,* p. 385).

Mais qu'est-ce, pour Sartre, qu'une « caresse » ?

Pour moi, ce qui comptait et qui a toujours compté, c'était le côté *actif,* c'est-à-dire la position de la main, et la sensation bien sûr de la chair, mais *en tant que je la faisais naître.* Que je la faisais naître, en passant la main sur l'aisselle, sur le bras, sur la cuisse. C'était *mon action* qui comptait, avec ce qu'elle saisissait, c'est-à-dire le côté extérieur, objectif du corps en face (*ibid.,* p. 400, souligné par nous).

Conclusion (en 1974) : « j'étais plutôt un masturbateur de femmes qu'un coïteur » (p. 385). Une première affabulation tombe, celle du « Don Juan ». Le « masturbateur de femmes » n'est pas « l'épouseur à toutes mains ». Don Juan, et c'est sa définition même, va toujours et en tout, jusqu'au bout. Sartre amant préfère s'arrêter à mi-chemin : il caresse. Mais la lettre du *24 février 1940* explicite crûment ce que les souvenirs de vieillesse tamisent en « tendresse » et donne à l' « activité » et à la maîtrise qu'elle prétend exercer sur le corps de l'autre leur vrai nom et leur vrai sens : *sadiques*. « Non pas un bouc » : l'expression s'éclaire. « Mais obscène simplement » : c'est ce qui reste à éclaircir.

Obscène simplement

Si les *Lettres* sont, selon l'auteur, « la transcription de la vie immédiate », à les parcourir, nous ne sommes guère avancés. Nous y trouvons, certes, des scènes scabreuses, des expressions fortes ; mais rien qui nous introduise, si j'ose dire, à la phénoménologie de la sexualité obscène, qui nous en détaille les pratiques et en analyse le sens. Après cet aveu et ce cri, bouche cousue. Heureusement, nous avons affaire à un « sadique universitaire ». Tournons-nous donc vers l'université pour en savoir plus long sur le sadisme : il fait son apparition théorique dans *l'Etre et le Néant,* section « L'existence d'autrui ». Suivons-en rapidement les étapes. Cela tombe bien, la première est la *caresse :*

> On sait combien paraît décevant ce mot fameux : « Contact de deux épidermes ». La caresse ne se veut pas simple *contact...* C'est que la caresse n'est pas simple effleurement : elle est *façonnement.* En caressant autrui, je fais naître sa chair par ma caresse, sous mes doigts (p. 459).

On notera le parallélisme *littéral* de l'analyse théorique et de l'aveu personnel. De la caresse ainsi entendue, il n'y a qu'un pas vers l'attitude sadique :

> Le sadique a ressaisi son corps comme totalité synthétique et centre d'action... il s'éprouve en face de l'autre comme pure transcendance ; il a en horreur *pour lui* le trouble... Il *veut* la non-réciprocité des rapports sexuels, il jouit d'être puissance appropriante et libre en face d'une liberté captivée par la chair (p. 469).

Activité, liberté, appropriation : nous y revoilà ! Une fois encore, le texte théorique reproduit en miroir celui de l'aveu. Et soudain, voici qu'il le *dépasse :*

Quant au type d'incarnation que le sadisme voudrait réaliser, c'est précisément ce que l'on nomme l'*Obscène*... L'obscène apparaît lorsque le corps adopte des postures qui le déshabillent entièrement de ses actes et qui révèlent l'inertie de sa chair (p. 470-471, *passim*).

Dès lors, les impératifs d'un sadisme bien conçu sont clairs :

il vise à faire prendre à l'Autre des attitudes et des positions telles que son corps paraisse sous l'aspect de l'*obscène* ; ainsi demeure-t-il sur le plan de l'appropriation instrumentale...

Le Sartre des « Entretiens » nous la baille belle, avec sa main dominatrice et sûre d'elle qui « passe sur l'aisselle, sur le bras, sur la cuisse » ! Voici le « pas-bouc-mais-obscène », le « sadique » au travail :

le sadique *manie* le corps de l'Autre, pèse sur ses épaules pour l'incliner vers la terre et faire ressortir ses reins, etc. L'idéal du sadique sera donc d'atteindre le moment où l'Autre sera déjà chair sans cesser d'être instrument... où les cuisses, par exemple, s'offrent déjà dans une passivité obscène et épanouie et sont encore des instruments qu'on manie, qu'on écarte et que l'on courbe, pour faire saillir davantage les fesses et pour les incarner à leur tour (p. 473).

Si l'on veut un rapport circonstancié sur les ébats érotiques de Sartre, relire *l'Etre et le Néant* ! Sa sexualité, introuvable dans les *Carnets* et volatilisée dans *les Mots,* timidement évoquée dans l'autobiographie parlée en fin de vie, c'est dans le traité philosophique qu'elle se déverse et qu'elle se raconte sans fard.

Ou plutôt, la confession ici *se farde en discours philosophique.* Sartre fait coup double. Un aveu, ainsi coupé de toute référence personnelle, n'en est plus un. Il ne coûte rien, puisqu'il est devenu invisible : il s'oublie lui-même dans la théorie. Celle-ci, à son tour, lui rend l'appréciable service de l'arracher à l'épreuve brute du *mea culpa* honteux des *Lettres,* à l'auto-flagellation systématique : en la confinant à sa pure essence logique, comme maillon ou moment dans la chaîne des conduites, l'analyse théorique n'excuse pas la sexualité sadique, mais elle la *justifie*. C'est un comportement comme un autre, un des possibles humains, comme le regard. Délogé de son embourbement dans la vie privée de Sartre, le « sadisme » a sa place dans le traité philosophique (*l'Etre et le Néant,* Troisième Partie, chapitre III, section II). Passez muscade : l'intime est l'universalisable. Il s'énonce désormais d'un point de vue impersonnel, insituable, telle une maxime. Dans la subtile et remarquable confrontation des *Carnets,* l' « homme » et le « philosophe », chez Sartre, se faisaient face, en une implication, une imbrication mutuelles qui produisaient un texte double, mais non point duplice. Dorénavant, les deux Sartre se tournent le dos, ils font leur chemin séparément. Le coup double se transforme carrément en double jeu. D'un côté, on parlera de sa vie, mais pour la faire aussitôt, en l'émondant et l'amendant, rentrer dans le système *(les Mots)* ; d'un autre, le système évoluera *(Critique, Flaubert),* au gré des péripéties de la vie, certes, mais d'une vie immédiatement assimilée, élaborée, récupérée, à laquelle on a fait rendre son sens, comme on dit faire rendre gorge. La « main sadique », dans l'ordre du désir sexuel, était celle qui entend toujours garder la *haute main.* Cette main dominatrice, cette *main de maître,* elle sera celle du philosophe.

Sartre au pied du « Mur »

Et, bien sûr, aussi de l'*écrivain*. Dans notre analyse des *Carnets,* nous avions volontairement écourté nos citations. Au-delà du désir d'appropriation du monde par la connaissance philosophique, il y a l'appropriation ultime, celle de l'*écriture :*

> Cette possession consiste essentiellement à capter le sens du monde par des phrases. Mais à cela la métaphysique ne suffit pas ; il faut aussi l'art... Il faut capter le sens au moyen d'une chose captante qui est la phrase esthétique... (p. 306).

Maints textes postérieurs pourraient être allégués ici pour montrer que la position de Sartre n'a jamais varié sur ce point essentiel : le geste de l'écrivain « capte » le sens du monde, l'incarne et l'objectifie dans le langage, comme le geste sadique incarne, objectifie la jouissance de l'autre dans son corps, comme il la « capte » à son profit. Dans les deux cas, il s'agit d'un geste qui se croit et se veut *souverain*. On sait que cette suzeraineté sur ses textes, son droit absolu à la maîtrise du sens, Sartre les a poussés à un degré tel qu'il a soutenu mordicus qu'aucun critique ne lui avait jamais rien « appris » qu'il ne sût déjà sur sa propre œuvre : comme si l'appropriation, même momentanée ou ponctuelle, du texte sartrien par autrui eût été un radical déssaisissement de Sartre ! Mais si l'on sait aussi que, malgré toute l'habileté des dispositifs capteurs, bien souvent « tel est pris qui croyait prendre »...

La plume la mieux assurée et acérée, celle qu'on manie justement « de main de maître » (et si l'expression a un sens, c'est à l'*immense écrivain* qu'est Sartre, n'en déplaise à Mme Duras, qu'elle s'applique) ne saurait échapper à ses propres pièges. Relisons, par exemple, de près et en la citant jusqu'au bout, la scène, précédemment évoquée et d'une parfaite banalité, de la « coucherie » avec l'amie du Castor, Gégé :

> Je suis remonté avec elle dans ma chambre pour prendre un costume à faire dégraisser... Je l'ai embrassée sur la joue, elle m'a embrassé sur la bouche. Je lui ai ôté son corsage, elle a ôté sa robe et son pantalon. J'ai couché avec elle (*Lettres*, I, p. 136).

L'écrivain s'en tient aux faits bruts : le degré zéro de l'érotisme. La duplication machinale des geste est un rite, où la femme simplement *devance* l'homme dans la progression du désir. Mais après le désir, quel plaisir ?

> Elle m'a dit qu'elle m'aimait et je n'en ai rien cru. Je lui ai dit que je l'aimais bien et elle l'a cru. Elle m'a dit : « J'ai presque eu du plaisir. »

Après le rituel des gestes, celui des répliques, apparemment symétrique, mais où, cette fois, la parole masculine *précède* la parole féminine sur la voie de la vérité, la débusquant des simulations obligées du sentiment et la forçant à reconnaître qu'en fait de plaisir, il n'y a eu que du « presque ». A quoi correspond, naturellement, l'absence de plaisir chez Sartre, ce dont il convient, ne l'oublions pas, de convaincre la destinataire de la lettre, le Castor, amie de Gégé. Laquelle, vient de nous préciser Sartre, dans « son beau petit tailleur neuf » et son maquillage, « était très plaisante » *(ibid.)*, c'est-à-dire qu'elle lui plaisait ! Coucher avec une femme qui lui plaît et à qui il plaît, sans que lui ni elle n'ait du plaisir : tel est l'exploit que, sous l'œil du « bon Castor » *(ibid.)*, modestement, accomplit Sartre. Mais alors, le bon Castor (et le malin lecteur) ne peuvent éviter de se poser la question : pourquoi cette partie de jambes en l'air ? Réponse de Sartre : « Comme ça, parce que ça se trouvait, parce que ça se devait. » Hasard, plus déterminisme : le comble de l'insignifiance ! Pour le philosophe du sens, pour le subtil analyste des projets existentiels, on avouera que c'est maigre. Sartre, quand même n'est pas dupe : « hypocrite petit homme, dira le bon Castor. Bon Castor, j'étais pur, j'en fais le serment » *(ibid.)*. Il s'en tire par la pirouette d'une dénégation simulée.

Or, le texte de la lettre ne s'arrête pas au constat d'un non-plaisir mutuel :

> Elle m'a dit : « J'ai eu presque du plaisir. » Alors je lui ai fait cadeau d'un exemplaire d'*Erostrate* pour la remercier.

Extraordinaire *alors* ! Une prodigieuse transaction s'opère inopinément. Pour remercier Gégé *de quoi* ? En récompense de son manque-à-jouir, elle a droit à la nouvelle de l'écrivain Jean-Paul Sartre ! Tiens, il avait *donc* un exemplaire de son livre sous la main ? « Comme ça, parce que ça se trouvait, parce que ça se devait. » Une de ces rencontres de la vie quotidienne ! Pourtant, depuis 1901, on sait que la « vie quotidienne » s'interprète. Sartre a couché avec Gégé *pour* pouvoir lui offrir *Erostrate, après*. Pourquoi pas avant ? Parce qu'il s'agit de prouver, de *se* prouver quelque chose de tout à fait essentiel.

Quoi ? L'écriture même l'énonce : symétrie des gestes, des répliques, dont le décalage momentané est, en fin de compte, annulé par le manque-à-jouir réciproque. Sartre, Gégé : rigoureusement parallèles. Les corps ont beau s'interpénétrer, les parallèles ne se rejoignent qu'à l'infini. Théorème géométrique : *on peut faire l'amour sans se toucher*. CQFD. Mais qu'est-ce qu'*Erostrate* ? Bien des choses, certes, qu'on ne saurait résumer en peu de mots. Mais ça commence bien :

> Les hommes, il faut les voir d'en haut... Quand on est de plain-pied avec les hommes, il est beaucoup plus difficile de les considérer comme des fourmis : ils *touchent* (*le Mur,* Folio, p. 81-82).

S'il faut voir les hommes d'en haut, il faut, encore davantage, regarder les femmes *de loin :*

> Le premier samedi de chaque mois, je montais avec Léa dans une chambre de l'hôtel Duquesne. Elle se déshabillait, et je la regardais sans la toucher (p. 84).

(De cette phobie du « contact », on trouve la réitération un peu partout dans les autres nouvelles du *Mur.* Eve devant les « statues » de Pierre : « Un cri horrible la glaça tout à coup. "Elles l'ont touché." » *La chambre,* p. 74. Lulu rêvant au lit : « Je voudrais connaître un beau jeune homme, pur comme une fille, et nous ne nous toucherions pas... » *Intimité,* p. 114, etc.) Conclusion évidente de ce solipsisme épidermique : « le plaisir, il n'y a que moi qui sache me le donner », Lulu, dans *Intimité* (p. 110). Après s'être offert son « jeton de mate », l'anti-héros d'*Erostrate,* pour jouir, n'a qu'une ressource logique :

> Quelquefois, ça partait tout seul dans mon pantalon ; d'autres fois, j'avais le temps de rentrer chez moi pour me finir (p. 84).

Seulement, comme « tirer un coup » implique un rapport avec l'Autre (fût-ce dans sa néantisation masturbatoire), Paul Hilbert, dont nous n'apprenons le nom que parce qu'il signe, heureuse coïncidence, une *lettre,* chargera son revolver de « tirer le coup » à sa place. Coup, d'ailleurs, qu'avant de lâcher au hasard sur un type dans la rue, il destinait à l'origine à la putain de l'hôtel Stella :

> je me réveillai en sursaut et je revis son visage... et son *ventre gras* qui sautait à chacun de ses pas... j'aurais dû tirer pendant que j'y étais, crever ce ventre comme une écumoire (p. 88, souligné par nous).

Vous me direz, et *Sartre* dans tout ça ? A quelle occasion monte-t-il, à son tour, dans sa chambre avec Gégé ? « Je suis remonté avec elle dans ma chambre pour prendre un costume à faire *dégraisser...* »

Naturellement, nous connaissons depuis longtemps la hantise sartrienne du « gras », du « mou », du « visqueux », et il y a là-dessus d'excellentes pages de Geneviève Idt ou de Josette Pacaly. Ce qui m'intéresse ici, c'est moins le romancier que l' « hypocrite petit homme », plus exactement leur rapport à l'instant précis où Jean-Paul Sartre tend *Erostrate* à Gégé : « l'amour mode d'emploi ». Ou encore, « Erostrate, c'est moi », comme « Madame Bovary, c'est moi ». Assurément, Paul Hilbert n'est pas, tel Roquentin, un « double » de Sartre ; il en est une version caricaturale, une déformation cauchemardesque, malgré laquelle certains traits communs sont lisibles : à part la lettre « anti-humaniste » du personnage, que l'auteur, à quelques détails près, eût pu contresigner, on retrouve, sous l'hyperbole délirante, le *refus de pénétration sexuelle du corps féminin* (travesti chez Sartre en dénigrement de l'acte), ainsi que le substitut de la possession physique sous forme de *maîtrise sadique.* Tendre *Erostrate* à Gégé, c'est, pour Sartre, sous le couvert du narcissisme littéraire, un mécanisme de défense bien connu : l'annulation rétroactive. « Ungeschehenmachen », disait Freud : *faire que ce ne soit pas arrivé.* Puisqu'il ne s'est *rien passé,* le « bon Castor » n'a rien à reprocher à Sartre : « bon Castor, j'étais pur, j'en fais le serment », *Pur,* comme le « beau jeune homme dont rêve Lulu ; *pur,* déjà, comme Roquentin : « Ce froid est si pur, si pure cette nuit ; ne suis-je pas moi-même une vague d'air glacé ? N'avoir ni sang, ni lymphe, ni chair » (*la Nausée,* p. 45). *Pur,* surtout, comme le déraciné, l' « être de vent ». Celui qui « se suffit dans la solitude néantisante du pour-soi », celui qui n'est « à l'aise que dans la liberté », celui qui n'est « qu'orgueil et lucidité », celui qui « n'a besoin de personne ni de rien », bref, l'autoportraitiste des *Carnets* ! Celui qui, jusqu'à la fin de ses jours, aura résumé son mythe personnel en une formule fameuse et maintes fois répétée : « rien dans les mains, rien dans les poches ». Sartre-le-désapproprié.

Or, pour pouvoir vivre ce mythe, c'est-à-dire pour rester hors de la dialectique possessionnelle, pour demeurer l'être aérien de la philosophie, le libre sujet actif, il faut *gommer l'acte sexuel*. Si je *baise*, je suis nécessairement *baisé*, voilà la tragédie : impossible de maintenir jusqu'au bout le mode « actif », au lit ou dans la grammaire ! Le « sadique » a beau se réfugier dans la distanciation de la « caresse », manipuler le corps d'autrui pour y incarner l' « obscène », avoir « en horreur *pour lui* le trouble », jouir « d'être puissance appropriante et libre en face d'une liberté captivée par la chair » (*Etre et Néant,* p. 469) — le sadisme « renferme le principe de son échec » (p. 475) :

> lorsque l'incarnation est achevée, lorsque j'ai bien devant moi un corps pantelant, je ne sais plus comment *utiliser* cette chair... Elle « *est là* » et elle est là « *pour rien* »... Je ne puis que demeurer interdit devant elle... ou alors m'incarner à mon tour, me laisser prendre par le trouble... Ainsi le sadisme, au moment même où son but va être atteint, cède la place au désir *(ibid.).*

Une fois de plus, le discours philosophique est l'exutoire confessionnel. Si le sadisme justement échoue, c'est parce que la chair de l'autre n'est pas là « pour rien », parce qu'elle indique d'elle-même la façon dont il faut l' « utiliser » : il faut lui *rentrer dedans* ! Impossible de rester éternellement « masturbateur de femmes » : elles le veulent, il faut « coïter ». « Le sexuel, c'est "coucher avec" » (*Cérémonie des adieux,* p. 385). Sartre, en gentleman et en sportif, s'exécute :

> comme j'étais convenablement sexué, je bandais rapidement, facilement ; je faisais l'amour souvent, mais sans un très grand plaisir. Juste un petit plaisir à la fin, mais assez médiocre. J'aimais

mieux être en liaison avec le corps tout entier, caresser le corps, bref être actif... (*ibid.*, p. 400).

Seulement voilà : si « rapide » et « facile » que soit l'érection (réassurance virile), celle-ci, par principe, échappe à toute volonté, à toute maîtrise : comme on dit, « ça ne se commande pas ». L'ultime assertion masculine est un geste *troublé,* un acte *passif,* à l'inverse des manipulations de la caresse. Du coup, le maître à bander et à penser n'avoue son plaisir que pour aussitôt le rabaisser : « juste un petit plaisir à la fin, mais assez médiocre ». L'honneur est sauf : il baise bien, mais il jouit mal (ou mâle).

Ces analyses nous ramènent à notre lettre du *24 février 1940,* que nous n'avons quittée qu'en apparence : elles nous permettent, je l'espère, de mieux comprendre pourquoi Sartre s'y déclare dégoûté de « son personnage sexuel en général ». C'est que l'auteur du *Mur,* tout simplement, est devenu à son corps défendant *un de ses propres personnages !* Il s'en rend compte, d'ailleurs, à propos de sa relation avec Tania :

> C'est comme si je m'introduisais moi-même dans une impitoya-ble petite nouvelle qui ne finit pas très bien mais qui est belle (*Carnets,* p. 233).

Mais une « nouvelle à la Sartre », Sartre en donne la meilleure définition lui-même dans une lettre à Paulhan :

> *La Nausée* définit l'existence. Les cinq nouvelles décrivent les diverses fuites possibles devant elle... et montrent l'échec de chacune d'elles avec *le Mur* qui les borne. Pas d'évasion possible (*Lettres,* I, p. 218).

Pour lui-même, à dire vrai, il se ménage illico une porte de sortie :

> Je ferais alors entrevoir la possibilité d'une vie morale au sein de l'existence et sans évasion, cette vie que je veux définir dans mon prochain roman. J'en ai assez d'être traité de déliquescent et de morbide, alors que je suis précisément tout le contraire *(ibid.).*

En attendant de « changer » un jour de comportement, l'écrivain compte sur son œuvre à venir pour acheter une conduite ! Mais l'énorme machinerie textuelle constituée (reconstituée) par les publications posthumes se referme inexorablement sur sa mauvaise foi, le consigne à demeurer du même côté du *Mur* que ses personnages. Car, si ces derniers se caractérisent par leur « fuite devant l'existence », il faut ajouter : essentiellement en sa *dimension sexuelle*. Les nouvelles du *Mur* forment un inventaire de toutes les dérobades possibles du sujet par rapport à sa situation dans le sexe. L'Eros sartrien est le digne pendant de celui d'*Erostrate*. Là où Paul Hilbert regarde les femmes nues à distance, en rêvant de leur crever le ventre, Sartre les visite poliment, de près, mais rétablit, lui aussi, la nécessaire distance.

> Toutes les femmes que j'ai eues, quand j'essaye de me les rappeler aujourd'hui, je me les rappelle toujours habillées, jamais nues... je les vois habillées, comme si la nudité était un rapport particulier, très intime, mais... (*Cérémonie*, p. 387).

Si Sartre rhabille ainsi les femmes par la mémoire, c'est qu'il doit, évidemment, cacher quelque chose de redoutable.

Une autobiographie visqueuse

> Cette attraction magique qu'exercent sur moi les femmes obscures et noyées, T., autrefois O.
> Je n'étais attiré que par les pâmoisons troubles et l'esclavage volontaire des consciences amoureuses... Je n'ai de plaisir qu'à la compagnie des femmes... (*Carnets*, p. 83, p. 340-341, *passim*).
> je vais vous dire, au fond j'aime bien être avec une femme parce que je n'aime pas la conversation d'idées, ça m'assomme (*Sartre*, Astruc et Contat, p. 116).

La femme, c'est l'*anti-idée*. Il faut chercher les dessous de ce machisme intellectuel complaisant. En fait, cette attirance, sans cesse proclamée jusqu'à la fin de sa vie, de la femme, du féminin, sur Sartre, c'est exactement celle qu'il décrit, dans *l'Etre et le Néant*, comme l'attraction du *visqueux*. Si le projet originel est « projet d'appropriation » (p. 697) — et l'on voit que cette notion, élaborée, pour ainsi dire, en passant, dans les *Carnets,* vient coiffer l'énorme édifice de la construction théorique postérieure —, la viscosité se révèle d'emblée rapport possible du sujet au monde :

> Cette viscosité est donc *déjà* — dès l'apparition première du visqueux — réponse à une demande, déjà *don de soi ;* le visqueux paraît comme déjà l'ébauche d'une fusion du monde avec moi... (p. 697).

A première vue, pourtant, le visqueux devrait être la substance idéale de l'appropriation sadique :

> Il donne donc d'abord l'impression d'un être qu'on peut *posséder.* Doublement : sa viscosité, son adhérence à soi l'empêche de fuir, je puis donc le prendre dans mes mains... en même temps, la mollesse de cette substance, qui s'écrabouille dans mes mains, me donne l'impression que je détruis perpétuellement. Il y a bien là l'image d'une destruction-création. Le visqueux est *docile* (p. 700).

Prendre en main-posséder-s'approprier, on retrouve le réseau littéral du désir philosophico-érotique chez Sartre. Le malheur est qu'à peine le visqueux se laisse entrevoir comme la substance « obscène » parfaite, la situation se retourne :

> Seulement, au moment même où je crois le posséder, voilà que, par un curieux renversement, c'est *lui* qui me possède. C'est là qu'apparaît son caractère essentiel : sa mollesse se fait ventouse *(ibid.).*

Sarte philosophe redécouvre la formule infernale de Gide esthète : « Tout ce que tu possèdes te possède », mais sur un mode particulier : la *possession féminine :*

> J'écarte les mains, je veux lâcher le visqueux et il adhère à moi, il me pompe, il m'aspire... c'est une activité molle, baveuse et féminine d'aspiration, il vit obscurément sous mes doigts et je sens comme un vertige, il m'attire en lui comme le fond d'un précipice pourrait m'attirer. Il y a comme une fascination tactile

du visqueux. Je ne suis plus le maître d'*arrêter* le processus d'appropriation *(ibid.).*

La véritable « autobiographie » de Sartre, elle n'est pas à chercher dans la reconstruction désincarnée des *Mots,* dans le « translucide » autoportrait des *Carnets.* Une fois de plus, elle se donne là, crûment, logée au cœur du discours philosophique : une *autobiographie visqueuse.* Le Cogito cartésien vient s'empâter dans la chair femelle :

> Le visqueux, c'est la revanche de l'En-soi. Revanche douceâtre et féminine... (p. 701).

La viscosité féminine (« don de soi », « ébauche d'une fusion du monde avec moi »), pour Sartre, c'est le « continent noir » de Freud. *Terra incognita,* où l'Eros théoricien, c'est-à-dire masculin, risque de se perdre. Au sens fort, au sens quasi théologique. La femme inspire, mais elle aspire. Vamp-ventouse, elle attire. Mais comme un gouffre. La *mainmise,* que devait assurer l'hypocrisie prudente de la caresse, s'évanouit : « j'écarte les mains, je veux lâcher... » Et devant le féminin/visqueux se fait jour la vérité horrifique : « Je ne suis plus le maître d'*arrêter* le processus d'appropriation. » Si l'analyse du « visqueux » termine *l'Etre et le Néant,* c'est que la femme met fin à la philosophie, *s'appropriant l'appropriation.*

La pire des femmes, bien sûr, n'est pas celle que l'on a en face de soi, mais *en soi.* Quand Sartre déclare dans les *Carnets :* « Je n'ai pas eu la Nausée », il faut comprendre, au contraire, que la Nausée, il l'a, à chaque fois qu'il s'apprête à l'acte charnel, et qu'il la refoule en s'arrêtant de justesse à la lisière érotique qui marque sa ligne de défense. Il déguise, nous l'avons vu, en posture d' « âpreté désolée », en distanciation philosophique, la crainte fascinée du « sadique », qui a « en horreur *pour lui* le trouble », refuse de se « laisser prendre par le trouble », de « s'incarner à son tour »... Car ce que Roquentin éprouve, et que Sartre furieusement rejette pour son propre compte, c'est l'*être-femme de toute chair,* qui fait visqueuse et femelle toute *jouissance* (même si toute libido est phallique !) :

ma chair elle-même palpitait et s'entrouvrait, s'abandonnait au bourgeonnement universel, c'était répugnant (*la Nausée*, « Folio », p. 187).

Du coup, il s'invente en Pour-soi libre et détaché de tout, aussi faux que le « Poulou » des *Mots,* l'enfant prodige uniquement occupé à lire et à écrire, sauf quand l'expérience inattendue d'un regard masculin jeté sur sa mère lui fait subitement éprouver leur *féminité commune :*

> je surpris son regard maniaque et nous ne fîmes plus, Anne-Marie et moi, qu'une seule jeune fille effarouchée qui bondit en arrière... j'ignorais tout de la chair... (*les Mots*, p. 182).

Ignorance permise à l'enfant, certes, mais non au philosophe. Ce que je reprocherais, en ce qui me concerne, au « personnage sexuel » de Sartre, ce ne sont naturellement pas ses jeux ou ses goûts (chacun les siens), mais d'avoir, en lui, contaminé le philosophe, d'avoir capté à son insu sa plume, de s'être naïvement projeté dans ses analyses savantes. « Vraiment vie et philo ne font plus qu'un », comme disait Sartre. Mais dans le mauvais sens : en établissant une espèce de « vases communicants » où tout le latent de la vie s'explicite, sans pour autant se reconnaître, dans le manifeste de la théorie. Comme il le dit si bien, Sartre ne protège pas sa vie par sa philosophie ; il protège plutôt sa philosophie de sa *vraie* vie ! « Pas de promiscuité, surtout : je tiens mon passé à distance respectueuse » (*les Mots*, p. 198). La main de l'amant, du penseur et de l'autobiographe s'efforcera de maintenir, envers et contre tout, entre chair et chair, conscience et monde, passé et présent, cette *distance,* que l'expérience fusionnelle de l'Eros se charge d'abolir.

L'être-au-Castor

Ce qu'il a lui-même reconnu comme tentation du « don de soi », appel de la « fusion » avec l'Autre, bref, attraction fascinante du visqueux, Sartre est trop multiple, sa personnalité

Sartre : retouches à un autoportrait

trop riche, pour n'avoir pas su leur faire, malgré sa totale ambivalence, leur juste part. La relation duelle, que la théorie condamne au double échec existentiel de la posture sado-masochiste, il s'est débrouillé pour la réinventer et la réintro-duire dans sa vie et dans son discours, sous forme de symbiose euphorique : ses rapports avec Simone de Beauvoir. Ces rapports, infiniment complexes, il m'est évidemment impossi-ble de les analyser ici en détail. Il m'est non moins évidemment impossible de conclure cette étude en passant sous silence le « coup de génie » de Sartre, s'il est vrai, selon la formule célèbre du *Saint Genet,* que le génie est l'issue que l'on invente dans les situations désespérées. A côté de l'être-au-monde de la réalité-humaine, que les esquisses des *Carnets,* puis les développements magistraux de l'*Etre et le Néant* désignent comme « passion inutile », Sartre découvre, dévoile, en une énorme correspon-dance, *l'être-au-Castor.*

Il y va de bien plus ici que d'un accident biographique : Sartre, à chaque retour de courrier, réitère qu'il y va du sens de sa vie :

> il y aura ça dans ma vie, que j'aurai aimé une personne de toutes mes forces, sans passionnel et sans merveilleux mais *du dedans.* Mais il fallait que ce fût vous, mon amour, quelqu'un qui soit si étroitement mêlé à moi qu'on ne reconnaît plus le sien du mien (*Lettres,* II, p. 184).

« Aimer du dedans », « ne plus reconnaître le sien du mien » : une catégorie inédite du *Mitsein* s'affirme en sa souveraine plénitude. « Il fallait que ce fût vous » : une finalité, mystérieuse et impérieuse, vient souder cet *être-avec,* le cimen-ter de cette affinité élective parfaitement formulée par Mon-taigne à propos de La Boétie : « parce que c'était lui, parce que c'était moi »... Le don et l'abandon de soi, les délices de la fusion sont désormais admis et revendiqués au titre d'expé-rience cruciale. A certaines conditions, bien sûr, que le texte indique. Le Castor, ainsi que le surnom le souligne, est la *femme au masculin.* Comme le fait remarquer A. Buisine, dans sa belle étude de ce qu'il nomme la « castorisation » de Sartre,

159

dans l'ensemble de la correspondance ne figure qu'une seule occurrence du Castor décliné au féminin, « petite Castore » (t. 2, p. 336) (« Ici Sartre », *Revue des Sciences humaines,* n° 195, p. 195).

Sartre ne pouvait manquer d'être conscient de cette particularité grammaticale. A laquelle il faut en ajouter une seconde, non moins frappante : le *vouvoiement.* Les « quelques autres », que mentionne le titre (et il y en a pas mal) sont, par contraste avec le Castor, toujours invoquées *au féminin* et *tutoyées.* Des dispositifs grammaticaux, simples mais essentiels, mettent donc entre celle que Sartre a appelée, longtemps après, la « nécessaire » et les soi-disant « contingentes », une impalpable et infranchissable barrière. Ils font aussi barrage. La masculinisation du Castor a, pour Sartre, la même fin que le vouvoiement : ils maintiennent, au cœur de l'intimité la plus complète, une distance respectueuse. Ou encore, ils offrent l'intimité sans la promiscuité, que les rapports sexuels, si truqués soient-ils, rendent inévitable.

Ainsi *distancié* (précisément par cette énorme correspondance qui implique un éloignement répété et providentiel : « je ne demande que d'avoir mes deux mois annuels de solitude complète avec vous », *Lettres,* II, p. 44), le Castor peut être totalement aimé, voire vénéré, sans danger. Elle est *la femme non visqueuse.* En un partage radical, aux autres femmes sont dévolus le « passionnel » et le « merveilleux », c'est-à-dire la jouissance et le romanesque, bref, la *sexualité.* Tout comme Buisine n'a relevé qu'un emploi du Castor au féminin, je n'ai relevé, par contraste avec les abondantes descriptions des divers ébats érotiques de Sartre, qu'une seule (et peu flatteuse) allusion à ses rapports sexuels avec le Castor (II, p. 93)[1]. Même si l'on tient compte du fait qu'il s'agit d'une correspondance en partie expurgée par la principale intéressée, il n'en reste pas moins patent que Sartre n'écrit *jamais* au Castor dans ce qu'il appelle son « style amant ». (Lire les lettres adressées, par exemple, à « Louise Védrine », I, 230, 255). Sartre réserve au Castor un

1. En fait, il y en a deux autres : I, 483 ; II, 115.

tout autre discours amoureux : celui d'une radicale proximité, désengluée des blandices et des maléfices du corps. Libérés de l'emprisonnement épidermique, les amants ne connaissent plus entre eux de séparation ou de limite : ils peuvent enfin s'aimer « du dedans », sans bornes, en de pures délices fusionnelles :

> Je ne peux pas être séparé de vous, parce que vous êtes comme la consistance de ma personne (*Lettres*, I, p. 308).
>
> mon amour, vous n'êtes pas « une chose dans ma vie » — même la plus importante — puisque ma vie ne tient plus à moi et que vous êtes toujours *moi*... On ne peut pas être plus unis que nous ne le sommes (*ibid.*, p. 329-330).
>
> Vous avez l'air d'avoir un sens de moi, plus sûr que moi-même (*ibid.*, p. 495).

Plus moi que moi : ce fantasme fait curieusement écho à la fameuse scène du Grand-Hôtel de Balbec entre le narrateur proustien et sa grand-mère :

> je savais, quand j'étais avec ma grand-mère... que tout ce qui était mien, mes soucis, mon vouloir, serait, en ma grand-mère, étayé sur un désir de conservation et d'accroissement de ma propre vie autrement fort que celui que j'avais de moi-même.
>
> mes pensées se prolongeaient en elle sans subir de déviation parce qu'elles passaient de mon esprit dans le sien sans changer de milieu, de personne (*Jeunes filles en fleur*, Pléiade, I, p. 667-668).

Ce parallèle est, pour le moins, étrange, quand on songe au cri de guerre du jeune Sartre : nous voilà enfin débarrassés de Proust ! Plus étrange encore, si l'on se remémore l'autoportraitiste des *Carnets,* déguisé en courant d'air, en Pour-soi néantisant et libre, sans attaches avec rien ni personne ! Le futur théoricien de la « mauvaise foi » nous donne l'exemple (si l'on peut dire) d'une parfaite mauvaise foi : celle du sujet biographique *redouble* celle du sujet philosophique. Si bien que les catégories, que nous avions posées au début et au fondement de cette étude, nous serviront à la conclure.

La relation duelle, à y regarder de plus près, n'a nullement le même sens pour le sujet proustien et pour le sujet sartrien.

Chez le narrateur de la *Recherche,* le manque à être-par-soi induit une régression orale, de type nutritif, dont le modèle est la symbiose :

> quand j'avais ainsi ma bouche collée à ses joues, à son front, j'y puisais quelque chose de si bienfaisant, de si nourricier, que je gardais l'immobilité, le sérieux, la tranquille avidité d'un enfant qui tète (*op. cit.,* I, p. 668).

Les « jeux du je » sont plus subtils et pervers chez Sartre. La nourriture narcissique se trouve, par principe, *ailleurs* que chez le Castor, en cette série, indéfiniment ouverte, des *autres* femmes, qui fournissent le « passionnel » et le « merveilleux » à l'avidité, cette fois fort *inquiète,* du sujet désirant. Dans la relation au Castor, la fonction maternante et nourricière fait place à l'imago de la Mère phallique, très proche du Surmoi pré-œdipien de l'école kleinienne, lié, dès la phase orale, au sadisme infantile. Incorporant le phallus du père (ce père que Sartre, il nous le répète sans cesse dans *les Mots,* n'a jamais eu), le Castor est « plus moi » que Jean-Paul, dans la mesure précise où elle est *Surmoi,* où elle administre la Loi, Castor-Mentor et Juge suprême :

> vous, mon petit juge, je voudrais bien connaître votre avis... je ne vous demande surtout pas l'absolution mais de bien réfléchir... ce sera un verdict.
> Mon petit, je tiens à votre jugement plus qu'à tout au monde ; étrillez-moi bien si je le mérite, je vous prie.
> Il faut que vous ayez un petit sceau et que vous l'apposiez sur tout ce que je vis (*Lettres,* II, p. 92, 108, 111).

« Surtout pas l'absolution » : les étrivières ! Le « sadisme » sartrien trouve dans ce que Buisine appelle la « castorisation » son envers ou son revers « masochiste », bref, sa prime de plaisir pervers. On dira que l' « homme Sartre » entre simplement dans la dialectique des rapports érotiques à autrui, analysés par le « philosophe Sartre » dans *l'Etre et le Néant*. Mais les choses ne sont pas si simples, à partir du moment où le « philosophe » *théorise* précisément le *contraire* de ce que vit l' « homme », où le premier déclare : « L'enfer, c'est les autres » et le second proclame : « la fusion-fustigation avec l'Autre, c'est le paradis »... C'est l'*Un* ou c'est l'*Autre !* Le philosophe ne saurait être ici dissocié de l'amant, sans que cette dissociation lui fasse perdre ce à quoi il tient le plus : la *domination du sens,* la *maîtrise du jugement.* En déléguant au Castor le soin de décider du sens de ses actes, en abdiquant son autonomie et son autorité morales *avec délices,* non seulement le sujet sartrien contredit le propos ultime des *Carnets* (« tirer tout de moi-même », p. 338) ou la forfanterie des *Lettres* (« ne me tenir que de moi-même », I, p. 487), mais *il se désapproprie, en fait, de son projet d'appropriation fondamental.*

Cela va si loin que, sur le plan personnel, il n'a même plus sa jouissance *en propre.* Elle n'existe que *dite-à-l'Autre,* partagée, c'est-à-dire *racontée au Castor.* Telle est la finalité profonde de cette extraordinaire correspondance, bien analysée par Buisine :

> Il y a donc un *devenir-lettre* des aventures physiques de Sartre qui demeureraient comme incomplètes, inachevées sans leur manifestation, leur exposition épistolaire à Simone de Beauvoir. On ne se met au lit que pour pouvoir ensuite se mettre dans la lettre (*op. cit.,* p. 189).

Plus il veut que le Surmoi *flagelle,* plus le Moi *expose :* c'est logique. Rousseau montrait, en exergue des *Confessions,* son derrière, mais, comme Philippe Lejeune le démontre : à la dérobée. Ici, l'excès de l'exposition fait problème ; la crudité du déballage érotique de Sartre devant Simone (par exemple, I, p. 188) requiert une interprétation : *il en rajoute.* Bien sûr, il y a le fameux pacte de « tout se répéter » : mais certains détails ont *trop* d'insistance. La ligne de démarcation idéale entre le non-visqueux et le visqueux s'efface ; la distinction radicale entre la « nécessaire », comme juge, et les « contingentes », comme objets du désir, s'estompe. Au lieu de la distance postulée, voilà à présent le Castor juxtaposé à l'objet du désir, *englué* par lui :

> Il n'y a que vous, mon cher petit (à présent je vais écrire à T. que je l'aime passionnément, ça m'écœure un peu). Je vous embrasse tendrement... (*Lettres,* I, p. 513).

Du coup, de la promiscuité resurgit la nausée. L'opération « Castor » est ratée. Voire. Dans le même temps où il constitue et institue le Surmoi en Conscience morale punitive, en Juge suprême, Sartre, « par en dessous », pour parler comme lui, cherche à le compromettre, à le séduire, en un mot, à le *capter* — cette réappropriation subreptice venant opportunément compenser sa propre dépossession éthique. Grâce à la stratégie épistolaire, le Moi transforme peu à peu le Surmoi en *double,* en *alter ego* voyeuriste, de par l'excès fascinant de l'exhibition. « Repais-toi de ces chairs de femmes dont je te livre tous les détails et les secrets ! » Telle est la formule magique. Redevenu, même (surtout) avec le Castor, le « personnage sexuel » du *Mur,* éminemment « louche », l'accusé appâte, épate le juge par l'étalage lascif de corps femelles, lesquels constituent *également* (la correspondance en témoigne à maintes reprises)[2] l'objet éminent du désir beauvoirien. Le Castor sera donc à la fois son juge et son complice en jouissance. Qui aime bien châtie bien, certes. Mais, en s'exténuant amoureusement, Sartre aura mérité les circonstances atténuantes.

« On ne peut pas être plus unis que nous ne le sommes ». Ce que Sartre abdique en autarcie morale, il le recouvre en communion érotique, où le Castor n'est pas l'*objet,* mais l'*autre sujet* de son désir. Ainsi rétabli, malgré les accidents de parcours, le système de l'*alter ego* semble clos, sans faille ; il fait fonctionner une machinerie désirante et pensante, sans défaut : bref, il se donne comme un *absolu.*

> Je pense que ça vient de l'estime absolue et totale que je porte à votre petite personne : du moment qu'il y a ça, qu'il y a cet absolu, il faut bien que le reste se comprenne à partir de là, même le pis. J'imagine que c'est un peu ce que vous sentez, quand vous m'appelez votre « petit absolu » (*Lettres,* I, p. 415).

Absolus, donc, l'un pour l'autre, l'un par l'autre : « il faut bien que le reste se comprenne à partir de là, même le pis. » La formule est belle, voire touchante. Le pis n'est pas exclu de

---

2. *Lettres,* I, 503 ; II, 44, 49, 160, 183, etc.

l'absolu humain. Mais c'est *à partir de lui* qu'il faut comprendre. Or, c'est à cette *compréhension* même, exigée par l'homme, que le philosophe, chez Sartre se refuse, une fois de plus. De nouveau, il *théorise l'inverse de ce qu'il vit.* Tout comme avec les « contingentes », il *a peur* de la « nécessaire » (ainsi que Buisine l'a bien noté, par l'inlassable réitération de l'épithète « petit », il lui faut rapetisser cette figure trop grande). Au cœur de cette gémellité parfaite, il est une part que le sujet sartrien entend se réserver *pour lui tout seul :*

Vous êtes bien aussi mon petit absolu, allez. Pas métaphysique, parce que *je fais de la métaphysique tout seul comme un grand,* mais moral (*Lettres,* II, p. 111, souligné par nous).

Pour être « grand », il faut être « seul » : c'est comme s'il craignait que le Castor ne lui « souffle » sa philosophie ! Là, au moins, dans la « salle d'opération, hygiénique, sans ombres, sans recoins » de la conscience lucide des *Carnets* (p. 329), on peut respirer. « *Sans microbes* », ajoute le texte : cette quintessence du « petit » qui jette à bas les plus grands ! Sartre ne « protège pas sa vie par sa philosophie » : sa philosophie, c'est son échelle de secours, par elle, il *s'échappe de sa vie.* Alors que le Castor et lui sont « un-en-deux », il va démontrer l'impossibilité d'un « nous-sujet ». Alors que les *Lettres* posent l'amour comme réciprocité fondatrice de deux absolus, les *Carnets,* puis *l'Etre et le Néant* affirment l'altérité, la séparation radicales des amants :

Ainsi, dans le couple amoureux, chacun veut être l'objet pour qui la liberté de l'autre s'aliène dans une intuition originelle ; mais cette intuition qui serait l'amour à proprement parler n'est qu'un idéal contradictoire du pour-soi... il en résulte que l'amour comme mode fondamental de l'être-pour-autrui a dans son être pour autrui la racine de sa destruction (*l'Etre et le Néant,* p. 444-45, *passim*).

« Vraiment vie et philo ne font plus qu'un », déclarait Sartre à l'orée de son immense construction philosophique. A chaque étape de cette étude, nous avons, au contraire, découvert une relation non point *univoque,* mais *équivoque.*

Le génie intellectuel de Sartre est tel qu'il a, en un sens, prévu et prévenu l'objection. En une seconde version, plus raffinée et subtile, des rapports qui lient le projet autobiographique et le discours philosophique, il a modifié la formule de leur redoutable et ambiguë unité : pour l'auteur tardif des *Mots,* celle-ci serait non plus celle du reflet ou du parallélisme, mais de l'*antithèse :*

> je fus amené à penser systématiquement contre moi-même au point de mesurer l'évidence d'une idée au déplaisir qu'elle me causait (*les Mots,* p. 210).

Le malheur, ou le problème, c'est qu'une thèse n'est pas plus *vraie* pour être l'antithèse d'un désir, que pour en être l'expression. Sartre, en quelque sorte, a déchiffré conceptuellement sa vie (et, par contrecoup, celle des autres), comme l'homme grec, selon l'analyse de Hegel, interprétait le sens des oracles :

> il ne peut se décider à l'action qu'en se conformant à l'*un des deux sens,* à l'exclusion de l'autre, que comportent les paroles du dieu. Mais dès qu'il a agi et que son acte est, de ce fait, devenu sien… il se trouve engagé dans une collision : il voit se dresser devant lui l'*autre sens* de l'oracle qui s'y trouvait également à l'état implicite… (*Esthétique,* I, p. 177, souligné par nous).

Pris dans l'ambivalence immaîtrisée que suscite en lui la jouissance féminine (celle de sa partenaire, la sienne), et qui s'offre symboliquement à l'analyse comme attirance-répulsion devant le « visqueux », Sartre choisit, *contre* le pôle attirant (le plus fort), de privilégier, dans la théorie, le pôle répulsif. Mais le geste inverse lui eût sans doute ouvert une autre voie, une autre vision de la sexualité, comme *Mitsein* où s'abolit toute différence, comme participation cosmique où s'efface la singularité de tout sujet. De même, l'amour comme mode de l'être-pour-autrui qui s'autodétruit est l'affirmation retournée, contredite, dite *contre,* de tout ce que les lettres révèlent comme union absolue, sacrée, de l'être-au-Castor. Le désir fondamental de fusion, physique et romanesque, avec les « contingen-

166

tes », existentielle et spirituelle, avec la « nécessaire », produit précisément la théorie qui rend toute expérience fusionnelle impossible. Quitte à la déplacer plus tard, avec la *Critique de la raison dialectique,* dans la « foule en fusion » des élans révolutionnaires, et à gratifier ainsi le désir hermétiquement refoulé au prix de mille têtes qui tombent ! Comme l'homme tragique face à l'énigme oraculaire, Sartre choisit l'*autre sens,* plus exactement, *un sens* pour sa vie, *l'autre* pour sa philosophie. En cette ruse suprême avec les Dieux, faut-il conclure qu'il a deux fois tort ? Ou peut-être a-t-il deux fois raison ! Seule demeure, inentamée, indépassable, la dualité du sens de l'oracle.

Table des matières

Imprimé en France
Imprimerie des Presses Universitaires de France
73, avenue Ronsard, 41100 Vendôme
Octobre 1988 — N° 34 221